ODEON
Wittelsbach Platz
RIENNER STRASSE
Max Joseph Str
MAXIMILIANS PLATZ
Jungfernthurm Str
Salvator Platz
STAATSMINISTERIUM des Innern
KÖNIGL RESIDENZ
K Leib Regts Kaserne
Max Thor
Pranners Str
Salvator Strasse
PFANDHAUS STR
PROMENADE PLATZ
Promenade Str
Kriegs Schule
Maxburg Str
K OB. LANDESGERICHT
AKADEMIE
Löwengrube
MAFFEI STR
PERUSA STR
THEATINER STRASSE
RESIDENZ STRASSE
MAX JOS PLATZ
K Hof u Nat Theater
K POST
Marstall Platz
IV
I
FRAUEN PLATZ
U.L.Fr Kirche
Schäffler Str
NEUHAUSER STRASSE
KAUFINGER STRASSE
WEIN STR
RATH HAUS
DIENERS STRASSE
MARIEN PLATZ
Alter Hof
Hofgraben
Münz Str
Platzl
MAXIMILIANS
KARLS PLATZ
Herzogspital Str
Althammereck
St Joseph Spital
K Kreis Real Schule
Damenstift Strasse
Josephspital S
Brunn Str
Hacken Str
III
Herzog Wilhelm Strasse
SENDLINGER STRASSE
Rosenthal
Rindermarkt
St Peters K
Platz
THAL
VICTUALIEN MARKT
Westenrieder Strasse
Frauen Strasse
Hochbrücken Str
Lederer Strasse
St Jacobs Platz
II
Sebast Pl
Schrannen Halle
BLUMEN STRASSE
SENDL THOR PLATZ
Sendlinger Thor
Ober Anger
Unt Anger Strasse
Müller Strasse
RUMFORD STRASSE
Buttermelcher Str
Cornelius Str
Klenze Str
GÄRTNER PLATZ
XII
ISARTHOR PLATZ

RICHARD BAUER · EVA GRAF

STADTVERGLEICH

MÜNCHENER ANSICHTEN

PHOTOGRAPHIEN VON EINST
MIT NEUAUFNAHMEN
VON THOMAS KOLLER

HUGENDUBEL

Stadt im Bild
Dokumentationen zur neueren Stadtgeschichte

Bildnachweis
Historische Bildvorlagen: Stadtarchiv München
Neuaufnahmen: Thomas Koller, München

CIP-Titelaufnahme der Deutschen Bibliothek
Stadtarchiv: Münchener Ansichten; Photogr. von einst /
Richard Bauer; Eva Graf. Mit Neuaufnahmen von Thomas
Koller. – 5. Aufl. – München: Hugendubel, 1998
ISBN 3-88034-281-4
NE: Bauer, Richard [Mitverf.]; Koller, Thomas [Ill.]

5. Auflage 1998

Produktion: Tillmann Roeder, München
Satz: Fotosatz Uhl + Massopust, Aalen
Reproduktion: Fotolito Longo, Frangart
Druck und Bindung: Georg Appl, Wemding
Prindet in Germany

ISBN 3-88034-281-4

Inhalt

Die Entwicklung Münchens im Wandel des Altstadtbildes

Die ummauerte Stadt 9
Nach der Entfestigung 11
Verkehrsplanung und Neubautätigkeit in der Prinzregentenzeit 13
Die zwanziger Jahre 16
Im Dritten Reich 17
Wiederaufbaukonzeptionen 20
Das neue Stadtbild 21
Altstadt und moderne Verkehrsplanung 23
Die »City« und ihre vor- und nacholympischen Veränderungen 24

Anmerkungen 26

Bildteil »Stadtvergleich« 29

Vorwort

Die Autoren berufen sich ausdrücklich auf Karl Valentin. Nicht auf den Komiker, sondern auf Valentin als berühmten Sammler Altmünchner Photographien. 1938 schrieb er: „Meine Aufgabe ist es nun, die noch im Privatbesitz befindlichen Photos zu gewinnen und zu einer Sammlung zu vereinigen, *in welcher ich die Stadt München wieder aufbaue, aber nicht in Stein, sondern in Papier,* um dadurch unseren Kindern und Kindeskindern zeigen zu können, wie es ... in München ausgesehen hat".

Auch die folgende Dokumentation möchte das München von einst wieder auferstehen lassen. Sie will jedoch mehr: sie möchte das München der „Prinzregentenzeit" mit dem heutigen München vergleichen.

Kontinuität und Wandel, Verlust und Gewinn werden so am eindrucksvollsten verdeutlicht; die stadthistorische Analyse klärt die unsere Gegenwart bestimmenden Entwicklungslinien und gibt (hoffentlich) Hilfestellung bei den Überlegungen zum München von morgen.

Selbstverständlich soll nicht suggeriert werden, daß die im Bild sich gegenüberstehenden Bauphasen ohne Übergang aufeinander gefolgt sind. Dazwischen liegen bisweilen spätere Veränderungen, fast immer aber Zerstörung und Beschädigung durch den 2. Weltkrieg und trostlose „Ruinenjahre", die bereits 1983 in einer Publikation dieses Verlags vorgestellt wurden.

Die Autoren bevorzugen weder das alte noch das neue Stadtbild. Als geborene Münchner haben sie dennoch bisweilen Partei ergriffen und mit ihren persönlichen „Stadt-Ansichten" nicht hintangehalten.

München, 1985

Richard Bauer
Eva Graf

Die Entwicklung Münchens im Wandel des Altstadtbildes

DIE UMMAUERTE STADT

Zu einer vom Alter her nicht bestimmbaren Siedlung »apud Munichen« führte nach der 1158 bezeugten gewaltsamen Verlegung der Föhringer Isarbrücke die neue Route der uralten Salzstraße von Salzburg nach Augsburg. Am Kreuzungspunkt dieses Handelsweges mit einer der hochwassergeschützten Isarterrasse[1] folgenden dörflichen Wegverbindung zwischen Sendling und Schwabing entwickelte sich nach dem Gewaltakt durch herzogliche Gunst ein Markt und eine geschützte Ansiedlung von Kaufleuten, die seit dem beginnenden 13. Jahrhundert »Stadt« genannt wurde. Ein im heutigen Stadtbild noch erkennbares kleines Oval umschrieb diese älteste bereits ummauerte Anlage (Heinrichstadt genannt, nach ihrem Gründer Herzog Heinrich dem Löwen), an die sich im Nordosten – in günstiger Ausfallposition – eine quadratische Befestigung des Stadtherrn oder seines Beauftragten anschloß (Alte Veste, Alter Hof). Die Salzstraße als Rückgrat der urbanen Entwicklung Münchens betrat die in respektvollem Abstand zur Isar gelegene Stadt am Oberen Tor (später Turm des Alten Rathauses) und verließ sie wieder am Unteren Tor (nicht mehr existenter sog. Schöner Turm am Übergang der Kaufinger- zur Neuhauser Straße), um über Neuhausen/Moosach den Anschluß an die bei Föhring unterbrochene Haupt-Trasse der Salzstraße zu gewinnen, oder in einer Abzweigung über Pasing dem Lechrain zuzustreben.

Unmittelbar nach dem Eintritt in die Stadt erweiterte sich die Salzstraße zum Marktplatz, dem wirtschaftlichen Mittelpunkt Münchens (Marienplatz). Über den Marktplatz lief auch der nord-südliche Verkehr, dem gegen Schwabing zu zwei längst beseitigte Stadttore (Ende der Wein- bzw. Dienerstraße) und gegen Sendling zu ein ebenfalls verschwundenes Tor (Ende der Rosenstraße) dienten. Nach rund einem Jahrhundert des Aufschwungs und der stürmischen Bevölkerungsentwicklung[2] erfuhr die Stadt Ende des 13. Jahrhunderts eine Erweiterung entlang den bisherigen Ordnungsachsen, wobei zunächst das sog. Gries, später Tal genannt, dann die übrigen »wilden« vorstädtischen Siedlungen mit Spital und Bettelklöstern in einen neuen Wehrgürtel einbezogen wurden.

Dieser durch vier Haupt- und einige Nebentore (Neuhauser-, Schwabinger-, Isar- und Sendlinger Tor, dann Angertor, Kosttor, Einlaß) geöffnete doppelte Mauerring umschloß nun eine ältere »innere« und eine jüngere »äußere« Stadt und bestimmte für ein halbes Jahrtausend die räumliche Ausdehnung der bürgerlichen Gemeinschaft. Die großen Straßenachsen, die schon eine Vierteleinteilung der inneren Stadt bewirkt hatten (Kramerviertel, Rindermarktviertel, Wilbertsviertel, Eremitenviertel), ergaben in ihrer Verlängerung nun auch das Einteilungsschema der neuen, vergrößerten Quartiere, deren Namen von topographischen Situationen der äußeren Stadt abgeleitet wurden und bis ins 19. Jahrhundert unverändert blieben: Hakkenviertel, Angerviertel, Graggenauer-, Kreuzviertel. Auf den älteren Stadtplänen ist deutlich die unterschiedliche Straßenbreite der inneren und der äußeren Stadt sichtbar, wobei die platzartigen Straßenerweiterungen nach den alten inneren Toren von den Fuhrleuten als Abstellplätze genutzt wurden.[3]

Weiter als die von Mauern umgrenzte Stadt erstreckte sich der 1460 erstmals von der Stadtherrschaft offiziell definierte Burgfriedensbereich Münchens. Innerhalb eines quadratischen Umfelds, das bei der Isarbrücke mit einem Ableger auf das östliche Hochufer übersprang und am Gasteig einen Brückenkopf bildete, stand der bürgerlichen Obrigkeit die – allerdings von stadtherrlicher Vorbehaltsgerichtsbarkeit durchlöcherte – Jurisdiktion zu.

Am Ufer der Isar und entlang ihrer westlichen Seitenarme entwickelte sich übrigens die erste außerstädtische »Industriezone« mit den Stapelplätzen für das geflößte Holz, mit Bleichen, mit Mühlen, Hammerwerken und anderen wasserabhängigen Gewerbeplätzen.

Jenseits des Flußes und unweit des Dorfes Schwabing lagen im Bereich des städtischen Burgfriedens die Spitäler der »Sondersiechen«, also der Unheilbaren und Infektiösen. Doch nicht so sehr der mit Säulen abgemarkte Burgfriedensbereich, sondern die ummauerte Stadt bestimmte in den folgenden Jahrhunderten das Erscheinungsbild und das Wesen Münchens.

Seit 1505 Hauptstadt der vereinigten Herzogtümer Ober- und Niederbayern, erlebte es bald einen tiefgreifenden strukturellen Wandel. Hofhaltung und Zentralverwaltung des politisch äußerst aktiven Fürstentums begannen sich auszubreiten und die Repräsentationswünsche des Landesherrn verlangten auch im Stadtbild Berücksichtigung. Zwangsläufig ging mit dem Aufstieg der Residenzstadt der Abstieg der Bürgerstadt Hand in Hand. Mit dem Widerruf der für Münchens bürgerlichen Glanz einst fundamentalen Salzhandelsprivilegien und der Auflösung der Münchner Salzsenderzunft 1587 verlor beispielsweise das dem Salzhandel und -stapel zugeordnete Kreuzviertel weitgehend seine kommunale Bedeutung und entwickelte sich durch die in Kontraposition zur Neuen Veste aufgetürmten umfangreichen Baukörper von Michaelskirche, Jesuitenkolleg und Wilhelminischer Residenz (später Maxburg genannt) zu einem Areal des höfischen Zugriffs. Gerade hier wird dann im 17. und 18. Jahrhundert der im Niedergang von Selbständigkeit und Selbstbewußtsein um Hofgunst und Hofdienst buhlende bayerische Landadel seine berühmten Stadtpalais errichten lassen.

Dem Zerbröckeln bürgerlicher Autonomie unter Albrecht V. und Wilhelm V. folgte dann unter Maximilian I. das Hinabdrücken der Stadt unter fürstliche Kuratel. Die 1619–1640 als Festungswerke errichteten mächtigen Wälle und Basteien, die im Gegensatz zum doppelten mittelalterlichen Mauerring nicht der bürgerlichen Obhut unterstanden, sondern als Eigentum des Landesherrn definiert waren, schnürten in der Folge das Münchner Bürgertum auch von außen ein und hemmten die städtische Entwicklung empfindlich.

Die im Sandtnermodell (1570) uns noch immer gegenwärtige gotische Münchner Wohnstadt besticht durch die abwechslungsreichen Außenfronten der Häuser mit Treppen- oder Seitengiebeln, Traufdächern, Erkern und den vielen begrünten kleinen und großen Gartenhöfen. Jede Fassade zeigt in der Regel zwei Eingänge, von denen einer als Einfahrt zum Hof, Hinterhaus und Garten, der andere aber – meist direkt an der Kommunmauer gelegen – als Zutritt zu der vom Erdgeschoß zu den Obergeschoßen steil durchlaufenden sog. Himmelsleiter dient[4].

In dieser Form verblieb das Münchener Bürgerhaus[5] bis ins 17. Jahrhundert. Die Renaissance nahm meist nur auf Äußerlichkeiten Einfluß, wobei insbesondere die Fassadenmalerei Einzug hielt, die aber weniger der Scheinarchitektur als vielmehr frommer Thematik verpflichtet war. Erst unter den Kurfürsten Ferdinand Maria, Max Emanuel und Karl Albrecht begann eine spürbare Veränderung des Stadtbildes. Während Hof, Adel und Kirche mit welschen Architekten, Maurern und Stukkatoren »große Bauaufgaben« angingen, war die bürgerliche Welt damit beschäftigt, den ständigen Zustrom von hofschutzbefreiten Handwerkern, fürstlichen Beamten, Künstlern und Projektemachern durch eine Vergrößerung und verbesserte Nutzung des veralteten Wohnbaus aufzufangen. Doch auch in der Barockzeit blieben die neugeschaffenen Baukörper mit ihren meist stuckierten Fassaden überwiegend unpretentiös und dem der Stadtmentalität entsprechenden Sinn für große Linien und ruhige Konturen verbunden, der einst auch Münchens klobiges Wahrzeichen, die Frauentürme, geschaffen hatte.

Die München nach 1777 zugefallene Rolle eines Zentrums für das nach den österreichischen Erblanden und Preußen drittgrößte deutsche Länderkonglomerat Pfalzbayern und die damit zusammenhängende Übersiedlung des Mannheimer Hofes überforderten die räumlichen Verhältnisse der Stadt endgültig. Um den Wohnbedürfnissen der wachsenden Stadtbevölkerung Rechnung zu tragen, wurden – wie bereits angedeutet – seit dem 17. Jahrhundert die mit hübschen Giebeln und Erkern geschmückten ein- oder zweigeschoßigen Häuser aufgestockt und mit Trauffassaden versehen. Diese kontinuierlichen Verdichtungstendenzen kulminierten dann gegen Ende des 18. Jahrhunderts. 1796 schreibt Joseph Burgholzer: »Gegenwärtig erhöhen sich etliche Häuser jährlich um einige Stockwerke oder Gaden, zudem daß die meisten schon drei- oder viergädig, Wohnungen zu ebener Erde nicht mitgerechnet, einige auch fünfgädig sind. Jahrzahlen, z. B. 1650, 1693, finden sich hie und da an dreigädigen Häusern, indem die Erhebung zu 3 Gaden ins 17., zu 4 und 5 Gaden aber fast ganz ins 18., gegenwärtig zu Ende laufende Jahrhundert zu fallen scheint«[6]. Viel zu wenig ist die von dem Münchner Benefiziaten Johann Paul Stimmelmayer um 1800 gezeichnete und ausführlich kommentierte Schilderung des spätbarocken Münchens bekannt, die Gasse für Gasse und Haus für Haus erfaßt und auf diese Weise als papierenes Stadtmodell angesehen werden kann.[7] An diesem Werk ist Burgholzers Hinweis ohne Schwierigkeit nachzuvollziehen.

Den Zersiedelungsprozeß im Vorfeld der Befestigungswerke hatte auch die landesherrliche Neubestätigung des städtischen Burgfriedens 1724 nicht aufhalten können. Gärten, Sommerhäuschen und Taglöhnerhütten zu »Herbergsrecht« machten sich allenthalben breit und griffen schließlich auf die Festungsanlagen selbst aus.[8]

NACH DER ENTFESTIGUNG

Der noch im letzten Lebensjahrzehnt Karl Theodors, also in politisch unruhiger Zeit, getroffene Entschluß zur Entfestigung und Erweiterung der Stadt war nur die überfällige Konsequenz aus der totalen Erschöpfung der innerstädtischen Wohnraumreserven und auf das unkontrollierbare Ausufern des Lebensraumes München.

Mit der Öffnung und Demolierung der Wälle und Basteien und der Auffüllung der Gräben begann gegen Ende des 18. Jahrhunderts eine neue Phase der Münchener Stadtentwicklung.[9]

Die auf der eingeebneten Verschanzung beim Neuhauser Tor (Karlstor) seit 1791 errichtete Rondellanlage mit Einheitsmietshäusern – die sich am Maximiliansplatz fortsetzten – darf als der Anfang einer Aufweitung der Altstadt angesehen werden, und die dem Englischen Garten zugeordnete Siedlung im »Schönfeld« nördlich der Residenz als der erste – mit einheitlichen Baulinien durchgeführte – offizielle urbane Ausgriff in das Gelände vor der Stadt. Die Freifläche der eingeebneten Befestigungsanlagen wurde 1812 verwaltungstechnisch den historischen Quartieren der Altstadt zugeschlagen, die dadurch erstmals seit Jahrhunderten einen Gebietszuwachs zu verzeichnen hatten.[10]

Nach dem Regierungsantritt Maximilians IV. war es bezeichnenderweise die dem noblen Kreuzviertel vorgelagerte nordwestliche Peripherie der Stadt, die als Planungs- und Neubaugebiet »Maxvorstadt« den systematischen Ausbruch aus der Altstadt einleitete.[11] Diese auf gleichmäßigen Quadraten durchgeführte Stadterweiterung schloß sich an den zu einer Straßenanlage umgewandelten Fürstenweg in Richtung Nymphenburg an (heute Brienner Straße) und betonte so Interesse und Initiative des Hofes. Der engen Verbindung zwischen Leo von Klenze und Kronprinz Ludwig entsprang in der Folge dann die Raumordnung vor dem Schwabinger Tor, bei welcher der Odeonsplatz und die sich ihm anschließende monumentale Ludwigstraße zwischen der Residenz und der »königlichen« Vorstadt vermittelten. Die Stadterweiterung zwischen Sendlinger Tor und Karlstor erschöpfte sich demgegenüber zunächst nur in der Ausgestaltung der durch die eingeebnete Wallanlage geschaffenen Freiflächen (heute Sonnenstraße); das diesen nach Westen zu vorgelagerte Terrain der sogenannten Ludwigsvorstadt entbehrte des fürstlichen Engagements und damit einer der Maxvorstadt entsprechenden organischen Entwicklung. Lediglich an der Südflanke dieses »Ausbruchs« sorgte eine planerische Konkurrenz im Zusammenhang mit dem neuen Allgemeinen Krankenhaus für eine Einbindung des Sendlinger Tors und seiner Umgebung.

Eine wirkliche Stadterweiterungskonzeption kam also zunächst nur im Norden, Nordwesten und – mit Einschränkungen – im Westen der Stadt zum Tragen, während das Gebiet östlich und südlich der Altstadt als Überschwemmungsbereich der Isar mit besonderer gewerblicher und sozialer Struktur für bürgerliche Siedlungen noch nicht in Frage kam. Lediglich der über die aufgelassenen Wälle geführte Straßenzug von Müller- und Blumenstraße brachte hier eine geringfügige Ausweitung der Bebauung, ohne jedoch die mittelalterliche Stadtkontur spürbar zu verändern.

Die von der 1803 gegründeten und 1818 reorganisierten Baukommission entwickelten Strukturen und Formen konnten fast ausschließlich im freigelegten Vorfeld der Altstadt und in den diesem vorgelagerten neuen Quartieren realisiert werden, während jene selbst nur punktuell von dem neuen Bauwillen und der neuen Baugesinnung erfaßt wurde.[12] Bauplätze standen eigentlich nur im Bereich des säkularisierten Kirchen- und Klosterguts zur Verfügung. Auf dem Areal des ehemaligen Franziskanerklosters und des benachbarten Ridler-Regelhauses erhoben sich Karl von Fischers Hof- und Nationaltheater und Klenzes neuer Südflügel der Residenz (Königsbau), während das aufgehobene Kloster der Englischen Fräulein an der Weinstraße dem Zeitgeist entsprechend für die Polizeidirektion umgestaltet wurde. Das Bräuhausgelände des Angerklosters wurde vom massiven und einschüchternden Block der Angerfronfeste in Anspruch genommen und die Jakobskirche selbst in eine klassizistische Schale gesteckt. An der Stelle des Herzogspitals wurde eine lange und langweilige Front schlichter Mietsbauten errichtet. Einer vorsichtigen Altstadterschließung diente der Straßendurchbruch an der Prannerstraße, wo Schedel von Greifensteins 1804 eingefügtes Maxtor eine Verbindung zwischen dem exklusiven Kreuzviertel und der nicht minder exklusiven Maxvorstadt herstellte. Im Südwesten ermöglichten die Durchführung der Josephspitalstraße 1815 und der Herzogspitalstraße 1832 eine bessere Anbindung der »zweitrangigen« Ludwigsvorstadt an das Hackenviertel.

Innerstädtisch neue Plätze waren der vor dem Hof- und Nationaltheater geschaffene Max-Joseph-Platz (der ehemalige Friedhof des Franziskanerklosters) und der mit Linden bepflanzte Promenadeplatz. Die zwischen Kaufinger- und Neuhauserstraße, dann zwischen Rosen- und Sendlinger Straße vermittelnden Türme, die einstigen Tore der inneren Stadt, wurden ebenso wie der Torturm des Sendlinger Tors 1807/1808 abgebrochen, wodurch sich die Straßenpassagen beträchtlich erweiterten. 1840 wich der Turm zwischen Diener- und Residenzstraße.

Da der Ausbau der Vorstädte die Wohnsituation in der Altstadt immer mehr entschärfte, sanken die Mieten und schließlich die Grundstückspreise, wodurch besonders in den dreißiger Jahren die Bauspekulation zunahm und Besitzarrondierungen häufiger wurden. Die Gelegenheit dazu nützten vor allem die größeren Brauereibetriebe, wie beispielsweise Pschorrbräu in der Neuhauser- und Hackerbräu in der Sendlinger Straße, die anstelle schmaler Einzelbauten vielachsige Gebäudefronten errichteten. Auch der erste moderne Hotelbau der Stadt, der »Bayerische Hof« am Promenadeplatz, erhob sich auf den Parzellen von vier abgerissenen Häusern. Die vom popularisierten Klenzestil oder später von der eklektizistischen Auffassung der Gärtnerschule geprägten Neu- oder Umbauten repräsentierten teilweise bereits einen neuen Haustypus, bei dem die Geschäftszone nicht auf das Erdgeschoß beschränkt blieb, sondern bereits häufig das 1. Obergeschoß miteinbezog.

Für das Altstadtbild nach 1850 wurde von besonderer Bedeutung die Rezeption der Neugotik durch den Bauherrn Stadtgemeinde, der sich dadurch neben die neugotisch orientierten Auftraggeber Hof und Kirche stellte und diese romantische Stilrichtung als eine auch und gerade für die »Bürgerstadt« adäquate Formensprache entdeckte. Mit der von Arnold von Zenetti durchgeführten Umgestaltung des Alten Rathauses (1861–1864) und der Restaurierung von Sendlinger- und Karlstor (1860–1862) wurde erstmals das seit 1818 gegenüber den staatlichen Stellen so mühsam entwickelte neue kommunale Selbstbewußtsein architektonisch unter Beweis gestellt.[13] Konsequenterweise wurde auch die ab 1867 angegangene Bauaufgabe »Neues Rathaus« von Georg von Hauberisser neugotisch gelöst, wobei – nach dem durchaus gelungenen Auftakt des ersten Bauabschnitts an der Ecke zur Dienerstraße – die sich in den nächsten Jahrzehnten anschließenden zwei Erweiterungsphasen zu einer totalen Vereinnahmung der Marienplatz-Nordseite führten. Der für die Verhältnisse des Marienplatzes viel zu gewaltige Baukörper, von einer bösen Zunge als »abgekürzter Reiseführer durch Brüssel, Brabant, Alt-München, Wien und preußische Kasernenhöfe«[14] apostrophiert, hat das Erscheinungsbild der Altstadt nicht gerade positiv beeinflußt, wenngleich der Werkarbeit höchstes Lob zu zollen ist und das am Neuen Rathausturm 1908 angebrachte Glockenspiel bald zu einer unverzichtbaren Attraktion für den Fremdenverkehr wurde.

Nicht der kommunalen, sondern der höfischen Initiative entsprach der über neugotische Grundlagen weit hinausgewachsene, originelle »Maximilianstil« Friedrich von Bürkleins für die Neubauten an der monumentalen Prachtstraße Max II., der nur in wenigen Beispielen (z. B. Café Karlsthor) auch im benachbarten Altstadtbereich zum Ausdruck kam.

Das neugewonnene Selbstbewußtsein des Münchener Bürgertums, das nun die Neugotik favorisierte, gab aber andererseits auch Anlaß für eine rigorose Behandlung jener mittelalterlichen Zeugnisse, die als vermeintliche oder tatsächliche Verkehrshindernisse das nach den ersten größeren Eingemeindungen und der Einführung der Gewerbefreiheit in Bayern rapide Wachstum Münchens (1800: 40000, 1850: 100000, 1875: 200000 Einwohner) zu hemmen schienen. 1871 forderte man die Demolierung des Isartores, das nur wenige Jahrzehnte zuvor Ludwig I. auf Privatkosten durch Gärtner hatte restaurieren lassen, und bereits zwei Jahre später war der Abbruch in den Kollegien des Magistrats und der Gemeindebevollmächtigten eine beschlossene Sache. Allein dem Einsatz Zenettis ist es zu verdanken, daß es trotzdem erhalten blieb und gemäß einem Vorschlag des Münchner Architekten- und Ingenieurvereins mit Durchbrüchen der veränderten Verkehrssituation angepaßt wurde.

Auch das erst 1860 restaurierte Sendlinger Tor sollte verschwinden und auch hier mußte Zenetti einen jahrelangen Kampf auf sich nehmen. Dennoch wurde 1892 der Abbruch beschlossen, worauf lediglich das Eingreifen der Regierung von Oberbayern die Niederlegung verhinderte. Die Zwingermauer und der Stadtgraben zwischen Herzogspitalstraße und Sendlinger-Tor-Platz waren schon 1883 verschwunden. Während die Stadtmauer im Verlauf der oberen Blumenstraße bereits der 1853 eingeweihten »Maximilians-Schrannenhalle« gewichen war, wurden Stadtgraben und Zwingeranlage vom Anger- bis zum Sendlinger Tor mit dem Angertor selbst zwischen 1869 und 1873 beseitigt. Der mächtige »Scheibling«, ein runder Geschützturm am Südende des Viktualienmarktes, verschwand 1870, der dahinterliegende sog. Fischerturm folgte 1891. Von 1872 an demolierte man auch das Kosttor und den sich anschließenden Mauerzug Richtung Isartor; 1892 fiel der runde Geschützturm an der Herrnstraße. Die – hier angedeutete – Niederlegung des mittelalterlichen Wehrgürtels schloß sich an die Jahrzehnte vorher bereits bei Wällen und Basteien begonnene »Entfestigung« an und riß die Altstadt nun an allen Seiten auf, um auf diese Weise eine organische Verbindung mit den Vorstädten und ihren Wohnquartieren zu erreichen. Besondere Bedeutung bekam dabei die nach 1861 erfolgte planmäßige Anlage des Gärtnerplatzviertels auf dem Gebiet des sog. Eichthalangers im Südosten der Altstadt, eine »frühgründerzeitliche« Stadterweiterung im spätklassizistischen Stil mit Miethausblöcken für das aufstrebende Kleinbürgertum.

Die zunächst als »verlängerte Utzschneiderstraße« 1861 vom Gärtnerplatz aus an die Altstadt herangeführte Reichenbachstraße, die 1875 über die Rumfordstraße hinaus zum Viktualienmarkt ausgebaut wurde, brachte das neugeschaffene Wohnviertel in direkte Verbindung mit dem zentralen städtischen Markt- und Schrannenbereich und führte dort zu notwendigen Neuordnungs- und Erweiterungsmaßnahmen.

Schon 1867 waren im Umfeld des Viktualienmarktes die Reste des alten Seefeld-Palais zugunsten eines Schulhausneubaus (Schulhaus im Rosental) abgerissen worden. Schräg gegenüber verstellten bis zur Markterweiterung von 1878 auch die sog. Röckenschußhäuser neben dem Roßschwemmbach, insbesondere aber das Männerspital von Hl. Geist die Westseite des Platzes. Im Jahr 1870 war auch die traditionsreiche Untere Fleischbank abgetragen worden, das ihr gegenüberliegende Weiberspital von Hl. Geist bekam mit einer neuen Aufgabenzuweisung noch eine Gnadenfrist bis 1885. Dem großen »Aufräumen« unterhalb des Petersbergls folgte 1880 die Bereinigung der Situation an der Ostseite der Kirche. Hier wurden die Wieskapelle, deren Geschichte in die Frühzeit Münchens zurückreicht, und der gesamte daran anschließende Gebäuderiegel (St.-Peter-Schulhaus, Türmerwohnung) beseitigt; es entstand eine großzügige Terrasse mit Blick zum Viktualienmarkt, in deren neugotischem Unterbau Metzgerläden eingerichtet wurden. Die Anregung auf Abbruch des Turms der Hl. Geistkirche zwecks Erweiterung der schmalen Straße am Chor wurde vom Magistrat nicht weiter verfolgt, dagegen verlängerte man 1885 beim Niederlegen des Weiberspitals das Langhaus dieser Kirche um drei Joche und schloß den Bau nach Westen mit einer imposanten neubarocken Fassade ab. Anfang der neunziger Jahre beabsichtigte man, den Viktualienmarkt aufzuheben – er sollte in eine neue Zentralmarkthalle zwischen Rosental und Sebastiansplatz verlegt werden – und sein Areal als Platzanlage neu zu gestalten.

Die Situation des Stadtzentrums[15] ist natürlich stets in Zusammenhang mit den vielschichtigen Wachstumsprozessen des gesamten Stadtgebietes seit der zweiten Hälfte des 19. Jahrhunderts zu sehen[16], insbesondere mit der Anbindung der eingemeindeten oder noch einzugemeindenden Vororte (1854 Au, Giesing, Haidhausen, 1864 Ramersdorf, 1877 Untersendling, 1890 Neuhausen und Schwabing, 1892 Bogenhausen usw.) Parallel zu dieser Ausweitung des Burgfriedens hatte man 1852 die Lokalbaukommission zu einer rein städtischen Behörde umgewandelt, 1863 die erste allgemeine Bauordnung erlassen und 1867 das Stadtbauamt neu eingerichtet. Doch die von verschiedenen Seiten für die verkehrstechnisch zu erschließenden Bereiche erarbeiteten »Alignementsentwürfe« waren meist ohne inneren Zusammenhang und machten schon Ende der achtziger Jahre deutlich, daß Stadterweiterung und Stadtplanung nicht ohne einheitliches, übergreifendes Konzept möglich sind. Dem 1893 mit der Leitung eines »Büros für Stadterweiterung« beauftragten Theodor Fischer gelang es dann in der Folge, die aus Industrialisierung und Wohnsiedlungswesen resultierenden Probleme Münchens mit dem historisch gewachsenen Charakter der Stadt in eine sinnvolle Verbindung zu bringen[17].

VERKEHRSPLANUNG UND NEUBAUTÄTIGKEIT IN DER PRINZREGENTENZEIT

Die von der Eingemeindungspolitik und dem allgemeinen wirtschaftlichen Aufschwung Münchens ausgelösten Konsequenzen für Verkehrsplanung und Neubautätigkeit im Bereich der Altstadt waren erheblich. Seit 1870 verband sich damit die Baukonjunktur der sog. Gründerzeit, die von einem neuen Stilempfinden begleitet wurde. Besonders während der Regentschaft von Prinz Luitpold (1886–1912) ergaben sich dadurch eindrucksvolle Veränderungen im Stadtbild.

Neben die noch immer sehr beliebte spätklassizistische Architektur (vgl. Gärtnerplatzviertel) und den von Zenetti geförderten bürgerlich-neugotischen Baustil trat zunächst eine als Ausdruck liberaler Gesinnung verstandene Neurenaissance, die besonders in ihrer deutschtümelnd-altdeutschen Ausrichtung Fuß faßte.

Deren Giebel, Erker, Türmchen und Loggien bewirkten ohne Zweifel eine starke Belebung des Straßenbildes, konnten aber nur sehr bedingt mit den Münchner Bautraditionen in Verbindung gebracht werden. Ihr Detailreichtum war eher aus der selbstbewußten reichstädtischen Architektur Augsburgs und Nürnbergs oder dem zierlich-verspielten Formenschatz Tirols abgeleitet[18]. Dem seit der Reichsgründung spürbaren wirtschaftlichen Aufschwung entsprachen die inzwischen mehrere Etagen umfassenden Geschäftshaus-Neubauten mit riesigen Schaufenstern, denen zuliebe die Wandflächen oft durch Zwischenkonstruktionen aus Metall bis zur Höhe des zweiten Stockes aufgelöst wurden. Erst später besann man sich mit Rücksicht auf die Harmonie des Straßenbildes wieder auf das Prinzip der durchbrochenen Wand und kehrte zu moderateren Schaufensterflächen zurück.

Seit dem Ende der achtziger Jahre dominierten, von der noblen Randzone im Nordwesten ausgehend, auch neubarocke Palastfronten die Straßen- und Platzanlagen. Unter Verwendung ortsunüblicher Fassadenverblendung wie Granit, Muschelkalk und Sandstein schuf besonders Gabriel von Seidl gelungene und meist auch geschickt dem Ambiente angepaßte prächtige Baukörper, die das starke Lebensgefühl der »Prinzregentenzeit« in besonderer Weise zur Darstellung bringen konnten. Die den gleichzeitigen Aufschwung des Münchner Braugewerbes symbolisierenden Großgaststätten Hofbräu, Augustiner, Bauerngirgl usw. lieferten allerdings auch den Vorwand für den scharfzüngig-abwertenden Kommentar: »Münchener Bierbarock«.

Neubarock und Neurokoko wurden abgelöst von einer Neuauflage des Zopfstils, den der Breslauer Martin Dülfer aus der Architektur seiner Heimatstadt übernommen hatte. Viele Details der Wandaufteilung und des Fassadendekors wiesen schon in Richtung Jugendstil, der noch vor der Jahrhundertwende die Baukunst Münchens beeinflußte. Freilich finden sich dessen Manifestationen in erster Linie bei den geräumigen Mietshausbauten der Außenbezirke, insbesondere Nordschwabings, während sich die Altstadt nochmals einer behaglich-bürgerlichen Neugotik bzw. Neurenaissance öffnete, die mit dem Namen Max Ostenrieder verbunden ist. Mit dem beginnenden 20. Jahrhundert wurde das Münchener »Rendez-vous« der historisierenden Baustile durch eine ruhigen Konturen und reduziertem Dekor verpflichtete Formensprache bereichert. Die u. a. von den Architekten Grässel, Littmann und Hönig & Söldner im Tal, in der Neuhauser Straße und in der Sendlinger Straße geschaffenen Amtsgebäude, Kaufhäuser und Geschäftsbauten gaben dem Stadtbild ein besonderes Gepräge.

Das schon weiter oben skizzierte Bestreben der Stadtverwaltung, innerhalb der Altstadt Straßen und Plätze für eine verbesserte Anbindung an die durch Stadterweiterung oder Eingemeindung gewonnenen Außenbezirke aufzuweiten,[19] betraf natürlich vor allem den Marienplatz, den Schnittpunkt der beiden wichtigsten Verkehrsachsen. Zunächst hatte man unter Hinweis auf die viel zu enge Passage zwischen Tal und Marienplatz den Abbruch des kurz zuvor restaurierten Rathausturmes gefordert, dieses Ansinnen aber zurückgenommen und sich damit begnügt, 1877 die Verkehrsenge durch die Anlage einer Fahrstraße und eines Gehwegs in der Erdgeschoßzone des Alten Rathauses zu beseitigen. Bedauerlicherweise wurden dadurch das Brothaus und die Ratsstiege beseitigt.

Überhaupt veränderte sich der Charakter des Platzes grundlegend durch das vom Rathausneubau eingeleitete Verschwinden der »Lichten Bögen« an der Nordseite und das nicht minder bedauerliche Einbeziehen der »Finsteren Bögen« in die Verkaufsfläche der südlichen Geschäftshäuser. Damit ging dem Stadtmittelpunkt ein an Tiroler Städte erinnernder schützender Rahmen verloren; der magistratische Versuch, als Gegenleistung für die Auflassung der Bögen Konzessionen der Hauseigentümer bei der Fassadengestaltung von Um- und Neubauten zu erreichen, führte zu jahrelangen Querelen und Prozessen.

Typisch für die damalige Situation ist die Feststellung eines Betroffenen von 1890: »Es ist nicht jedermann mit der gerade jetzt bei dem Magistrat in München herrschenden Vorliebe zu Bauten im altdeutschen Stil einverstanden...«.[20]

Die bei den baulichen Veränderungen im Südosten des Marienplatzes (Neugestaltung des Stadtarchivs) 1890–1892 eingeplanten Arkaden erleichterten zwar erneut die Verbindung mit dem Tal, konnten aber nicht als Ersatz für die schwerfällig-schwermütig wirkenden Laubengänge gelten.

Ein besonders heftig kritisierter Engpaß der Nord-Süd-Richtung war das sog. »Schleckergassl«, das kurze Verbindungsstück zwischen Marienplatz und Rindermarkt. Durch die 1897/1911 neugebauten Eckhäuser am Marienplatz erfuhr die Durchfahrt eine beträchtliche Erweiterung und wurde in der Folge dem Rindermarkt angeschlossen. Auch das breitgelagerte erkerbewehrte Eckhaus zur Rosenstraße (altes Thomaßhaus) hatte bereits 1888 einem straßenerweiternden, altdeutschen Neubau weichen müssen, wobei die künftige Erschließung des Angerviertels vom Marienplatz her damals schon ins Auge gefaßt wurde. 1899 konnte in diesem Zusammenhang der Baublock »Ruffinibazar« durch die Stadtgemeinde erworben werden; mit dem Neubau durch Gabriel von Seidl entstand eine architektonisch gut gelungene Hausgruppe, deren vom Marienplatz her erkennbare, schön geschmückte Fassade einen interessanten Auftakt der Sendlinger Straße darstellte, während die im Osten des Neubaus durchgeführte Pettenbeckstraße endlich die lang ersehnte direkte Anbindung an den Oberanger herbeiführte. Am Oberanger selbst hatte man die westliche Baulinie vorgerückt, um die dahinter parallel verlaufende Gasse »Gänsbühel« um das gleiche Maß verbreitern zu können; 1904 durchgeführt bis zur Blumenstraße, erhielt sie den Namen Raspstraße.

Bauliche Veränderungen ergaben sich auch im Südteil des Angers: 1900 errichtete die Stadt das hübsche Marionettentheater in den Anlagen der verbreiterten Blumenstraße und 1902 begann der Bau der Hauptfeuerwache zwischen Ober- und Unterem Anger mit der zur Blumenstraße ausgerichteten Hauptfront. Deren schön geschwungene Giebel setzten städtebaulich besonders erfreuliche Akzente. Mit dem 1913 erfolgten Abbruch des düsteren, wiewohl architektonisch beeindruckenden Gefängnisbaus der Angerfronfeste wurde der Platz frei für den Neubau eines großzügigen Verwaltungsgebäudes der städtischen Gaswerke.

Eine neue innerstädtische Ost-West-Trasse über Jakobsplatz und Anger wurde mit der Gebsattelstraße 1895 und der Corneliusbrücke 1902/03 in Angriff genommen.

Im Bereich des Graggenauerviertels war die 1857–1863 entstandene Maximilianstraße das Rückgrat für die gesamte Entwicklung der näheren Umgebung geworden; sie brachte zwar eine hervorragende Anbindung Haidhausens an die Innenstadt, doch endete die Trasse am Max-Joseph-Platz bzw. bei der für einen Durchgangsverkehr viel zu schmalen Perusastraße. Projektierte Durchbrüche zur Prannerstraße oder zum Promenadeplatz in den neunziger Jahren, die eine nördliche Parallelverbindung zum Straßenzug Tal-Neuhauser Straße geschaffen hätten, scheiterten.

1881 war durch einen Neubau bereits die Verbreiterung der Verbindung zwischen Platzl und Kosttor bzw. Maximilianstraße möglich geworden. Nach 1898 wurde mit der Realisierung einer Verbindungsstraße zwischen Tal und Ledererstraße begonnen, die eine Überbauung des an der Ostseite des Alten Rathauses offen laufenden Pfisterbaches einschloß. In mehreren Bauabschnitten entstanden bis 1908 die Trakte der Sparkasse und des Stadtbauamtsgebäudes, letzteres mit einem malerisch wirkenden Verbindungsbogen hinüber zum Alten Rathaus.

Die über den Pfisterbach gewölbte Sparkassenstraße konnte anläßlich des Neubaus der »Scholastika« 1914 bis zur Pfisterstraße durchgeführt werden, doch war eine in Plänen bereits festliegende Anbindung an die Maximilianstraße (östlich des Hauptmünzamtes) nicht mehr zu bewerkstelligen.

Viel geplant und verändert wurde auch im Vorfeld der Residenz und in der Umgebung des Promenadeplatzes. Wie schon angedeutet, scheiterte 1894 ein vom Stadterweiterungsbüro erarbeitetes Durchbruchprojekt der Pranner- zur Theatinerstraße und darüber hinaus zum Max-Joseph-Platz am Widerstand der Hypotheken- und Wechselbank, die damals ihren pompösen neubarocken Bau an der heutigen Kardinal-Faulhaber-Straße errichtete und am Einspruch des Innenministeriums, das eine unschöne Aufweitung des Max-Joseph-Platzes befürchtete. Dafür wurde in mehreren Abschnitten die Verbindung Promenadeplatz – Theatinerstraße – Max-Joseph-Platz verbessert. Den Anfang machte die bei verschiedenen Neubauten, insbesondere dem der »Alten Börse«, in den siebziger Jahren durchgesetzte Regulierung des alten Fingergäßchens, der nachmaligen Maffeistraße. In der Folge bemühte man sich auch um eine Zurückverlegung der Südfront der Perusastraße, was teilweise gelang. Die zwischen den siebziger Jahren und dem 1. Weltkrieg in diesem Bereich durchgeführten Baumaßnahmen waren stets abgestimmt auf das noble Ambiente dieses traditionellen Adelsviertels und ausgerichtet auf ein einwandfreies Straßenbild. Freilich mußten dem Zeitgeist auch Opfer gebracht werden: so wurde das an der Weinstraße vorspringende alte Gendarmeriegebäude mit seiner feinen Rokokofassade 1911 abgerissen; andere wertvolle Palais in der sich anschließenden Theatinerstraße wurden durch Umbauten der Erdgeschoßzone dem sich dort entwickelnden gehobenen Geschäftsleben erschlossen.

Beim Bau des Restaurants »Bauerngirgl« an der Residenzstraße 1893 wurde mit der Erweiterung des Engpasses gegenüber dem Königsbau der Residenz begonnen, wobei die Fortsetzung aber in der Folge unterblieb. Auch die Verengung dieser Nord-Süd-Trasse an ihrem Anfang, nämlich beim Austritt der Dienerstraße aus dem Marienplatz, wurde 1912 durch den Neubau des Eckhauses beseitigt. Im Südteil des Kreuzviertels wurde anläßlich der Erbauung der neuen Polizeidirektion auf dem Areal des ehemaligen »Augustinerstocks« (1911–1913) die Baulinie an der Löwengrube zurückgenommen und die Augustinerstraße als Verbindung zwischen Frauenplatz und Neuhauser Straße beträchtlich erweitert.

Besondere bauliche Akzente hatte seit der sog. Gründerzeit vor allem die weite Anlage vom Karlsplatz bis zur Brienner Straße erfahren. Vom neubarocken Justizplatz bis hin zum Renaissance-Schloß des Café Luitpold reihte sich eine Abfolge der prächtigsten Neubauten berühmter Architekten (Thiersch, Schmidt, Dülfer, Brüder Seidl, Lasne u. a.) aneinander, wobei der 1891 geschaffene Wittelsbacherbrunnen, der zwischen Lenbach- und Maximiliansplatz vermittelte, einen besonderen Blickfang abgab.

Dem am Bahnhofsplatz eintreffenden Fremden, dem sich die Stadt vom Westen her erschloß, gewährte der mit dem Karlsplatz zusammengewachsene Lenbachplatz den Einblick in das stolze Selbstbewußtsein einer großbürgerlichen Repräsentationszone. Aus diesem »Vestibül« Münchens wurde er durch das nicht minder noble, weitausgreifende neue Karlsplatzrondell Gabriel von Seidls hineingezogen in die Altstadt, über der gleichmütig und erhaben die Frauentürme emporwuchsen.

In der Altstadt selbst hatte inzwischen der Prozeß der »Citybildung« mit Verdichtung des Handels- und Geschäftslebens bei gleichzeitiger Abnahme der Wohnbevölkerung tiefgreifende Strukturveränderungen eingeleitet, die sich bis in unsere Tage herein kontinuierlich fortsetzen. Ende 1905 hatte das Angerviertel gegenüber 1875 $\frac{1}{10}$, die übrigen drei Altstadtviertel jedoch zusammen bereits $\frac{1}{4}$ der Wohnbevölkerung eingebüßt, wobei die Gegend um den Promenadeplatz mit einem Rückgang um $\frac{1}{3}$ am stärksten betroffen war[21]. Das Altstadtbild selbst aber schien von diesen Veränderungen nur unwesentlich berührt: Wohl hatten Banken, Bierhallen, Geschäfts- und Kaufhäuser ihm bereits deutlich das Signum der Moderne aufgedrückt, doch sie hatten daran nichts verdorben.

1917 faßte der große Münchener Architekt Hans Grässel diesen Eindruck wie folgt zusammen: »So bietet unsere heutige Münchner Altstadt trotz der verschiedenen zahlreichen Beeinträchtigungen durch einzelne Bauten unserer Emporkömmlingszeit außerordentlich viele schöne Charakterzüge, und das geschichtlich Gewordene begleitet uns auf allen unseren Wanderungen durch dieselbe und läßt sie uns bemerkenswert erscheinen. Stets haben unsere Vorfahren es als ihre Pflicht angesehen, die Stadt so schön als möglich zu gestalten«.[22]

Mit der Prinzregentenzeit endet auch der ein halbes Jahrhundert andauernde Wandlungsprozeß des Stadtzentrums. Hatte man schon von 1912 an aus konjunkturellen Gründen ein Nachlassen der Bautätigkeit im gesamten Stadtbereich verzeichnen müssen,[23] so kam durch die Kriegsjahre ab 1914 und die dadurch bedingte Rationierung der Baustoffe die Altstadtentwicklung völlig zum Erliegen. Nur wenige, bereits vor dem Krieg begonnene größere Projekte konnten noch weitergeführt bzw. abgeschlossen werden, wie z. B. der Bau des Verwaltungsgebäudes der städtischen Gaswerke am Unteren Anger (1915–1918). Als nach dem Krieg die Demobilmachung und der politische Wechsel zu einem verstärkten – von der Stadtverwaltung erst verbotenen, dann kontrollierten – Zuzug von minder- und unbemittelten Bevölkerungsschichten führte, mußte sich das Interesse der Bauverantwortlichen auf die Bereitstellung von Massenquartieren in geschlossenen Hotels, in Gaststätten-Nebenzimmern, leerstehenden Läden und Remisen konzentrieren, um auf diese Weise der im ganzen Stadtgebiet drückenden Wohnungsnot zu steuern. Abbrüche überalteter und verkehrsbehindernder Bausubstanz wurden deshalb zurückgestellt.[24]

DIE ZWANZIGER JAHRE

Auch die zwanziger Jahre konnten an der nachkriegsbedingten Stagnation der Altstadt nichts ändern. Anstelle von Straßenverbreiterungen regelte nun eine verbesserte Verkehrsordnung mit Einbahnstraßen den rasch anwachsenden Radfahrer- und Motorradfahrerverkehr. »Heute muß jede Gelegenheit wahrgenommen werden, denjenigen Verkehr, der sich nicht unbedingt innerhalb der Altstadt abspielen muß, möglichst bald, ehe er in die inneren Zonen der Stadt tritt, abzuspalten und an der sich mehr und mehr zur City entwickelnden Altstadt vorbeizuführen«,[25] diese Forderung des Stadtbaurates Fritz Beblo war die verkehrstechnische Konsequenz einer sicher nicht allein aus der schlechten finanziellen Situation Münchens heraus erklärbaren grundsätzlichen Ablehnung weiterer Altstadtkorrekturen.

»Die innere Stadt ist im großen und ganzen eine abgeschlossene Angelegenheit«[26] – damit war ein rein traditionalistisches Konzept gewonnen, das den mit der Prinzregentenzeit erreichten Status des Münchener Kernbereichs festzuschreiben und auch moderne Architekturexperimente vom Zentrum entfernt zu halten trachtete. Die rege gemeinnützige und kommunale Bautätigkeit, die übrigens nur zögernd Elemente des Neuen Bauens und der Neuen Sachlichkeit aufgriff[27] – wobei man diese gerne mit historisierenden Ornamenten bereicherte – blieb im wesentlichen in den Außenbereichen, und nur wenige, fast ausschließlich im Angerviertel angesiedelte, städtische Großprojekte vermittelten auch im Altstadtraum den Eindruck der neu anlaufenden Baukonjunktur. Es waren dies das Verwaltungsgebäude der Elektrizitätswerke an der Blumenstraße (1924–1926), der Erweiterungsbau des Stadtmuseums am St.-Jakobs-Platz, vor allem aber das neue städtische Verwaltungsgebäude an der Blumenstraße und am Unteren Anger (1927–1929), das als erstes Münchner Hochhaus amerikanische Dimensionen erahnen ließ, sich aber in seinem ziegelverblendeten Äußeren lieber auf das voreinst an dieser Stelle befindliche Angertor berief, dessen »Steigerung in der Vertikalen« es zu sein vorgab.[28] Eine wichtige Tätigkeit entfaltete in der Mitte der zwanziger Jahre auch die Beratungsstelle für private Bauunternehmen, die der Hochbauabteilung »Stadterweiterung« angegliedert war und mit gelungenen Aufstockungen im Bereich der Innenstadt (z. B. Kaufhaus Horn am Karlsplatz oder Regina-Palast-Hotel am Maximiliansplatz) und anderen Maßnahmen (z. B. Überbrükkungsbogen der Maffeistraße zwischen Vereinsbank und Handelsbank) eine bescheidene Bereicherung des Altstadtbildes erzielte.[29]

Ein erst später in seiner Tragweite verstandener Verlust für eben dieses Stadtbild war das Verschwinden der Schrannenhalle an der Blumenstraße in zwei Etappen. War der Südteil für das Gebäude der Gaswerke abgebrochen worden, so wurde der nördliche Teil 1932 bis auf den Kopfbau am Viktualienmarkt (heute Freibank) durch Feuer zerstört. Trotz verschiedener positiver Ansätze, auch im Zentrum, war das Münchener Bauschaffen nach dem 1. Weltkrieg gehemmt und neuen Gestaltungsformen abhold. »Es gibt einen guten Geist formaler Überlieferung in München... Daß dieser Geist bis heute gehalten wurde – in einem nicht immer leichten und die Verantwortlichen zu vieler inneren Bescheidung zwingendem Kampf – wird der Chronist einer Münchener Lebensgeschichte nach dem Weltkrieg dankbar feststellen müssen«. Ein Urteil des Kunsthistorikers Karl Karlinger von 1934,[30] das freilich nicht allgemein geteilt wurde.

»Woher kommt dieses Darniederliegen? Es kommt davon, daß unsere Stadt seit einem Jahrzehnt nicht mehr von einem einheitlichen Herrscherwillen gelenkt wird und davon, daß München seinen Charakter als Residenzstadt immer mehr verloren hat und von einem längst eingesetzten Konzentrationsprozeß, dem Zug nach Berlin, erfaßt ist, dem es nur entgegenwirken kann, wenn ein wahrhaft schöpferischer Gedanke aufgeworfen und der Verwirklichung in nicht allzu ferner Zeit entgegengeführt wird«.[31] Diese 1928 in einer verkehrs- und bautechnischen Studie niedergelegten Erkenntnisse wiesen dem Verfasser, Joseph Rank, den Weg zu einer neuen Wachstumsstrategie für die zukünftige »Millionenstadt«, die auf zwei Grundsätzen basierte: restaurative Pflege der Altstadt als einer »Fremdenverkehrsstadt« und Neuplanung eines modernen urbanen Schwerpunktes in den westlichen Stadtteilen mit breiten Straßenzügen, Hochhausbauten und zeitgemäßen öffentlichen Verkehrsmitteln (Untergrundbahn). Die schon Ende des 19. Jahrhunderts erwogene Hinausverlegung des Hauptbahnhofes Richtung Westen würde das notwendige Terrain der neuen Hochhausstadt liefern, die dem Bankwesen, dem Beherbergungsgewerbe, insbesondere aber den Warenhäusern zu widmen wäre, wohingegen die Altstadt weiterhin als für den »Kleinhandel, sowie Kunst und Wissenschaft wie bisher« zuständig erklärt wurde.

IM DRITTEN REICH

Die Durchdringung und Neustrukturierung der westlichen und nördlichen Anschlußzonen der Altstadt wurde auch zur ersten Aufgabenstellung nationalsozialistischer Stadtgestaltung. Die Repräsentationspflicht Münchens als »Hauptstadt der Bewegung« (1935) und der von Hitler imitierte »königliche Bauwille« eines Ludwig I. waren Grundlage für mannigfaltige Projekte, mit denen man schließlich die gesamte Münchener Stadtregion zu revolutionieren beabsichtigte.[32] Waren die in Plan gelegten Foren und Achsen und das durchdachte Konzept einer »verkehrsgerechten Stadt« für die Zeitgenossen auch äußerst beeindruckend, so konnten die wenigen tatsächlich ausgeführten monumentalen Baukörper mit ihren neoklassizistischen Architekturordnungen in der Stadt eines Karl von Fischer und eines Leo von Klenze keine ernsthafte öffentliche Akzeptanz erringen, ja sie wurden zu wahren Zerrbildern der ludovizianischen Architektur. Das Ensemble um den zum steinernen Aufmarschplatz des Regimes denaturierten »Königlichen Platz« mit Paul Ludwig Troosts »Braunem Haus«, dem »Führer-« und dem »Parteibau« und den »Ehrentempeln« für die Gefallenen des 9. November 1923 setzte das noble Entrée der alten Maxvorstadt außer Kraft, während das vom selben Architekten entworfene, langgestreckte »Haus der Deutschen Kunst« an der Prinzregentenstraße den Englischen Garten vom Hofgartenbereich optisch abzutrennen begann. Die beginnende Bebauung im Bereich Von-der-Tann-Straße (Zentralministerium), die als Zugangsstraße zum »Haus der Deutschen Kunst« eine besondere Funktion übertragen bekam, hätte ebenso wie die Planung für den Odeonsplatz, wo man das Bazargebäude zugunsten einer Kunsthalle abzutragen trachtete, den vorderen Teil der Ludwigstraße dem neuen Stilempfinden umgewidmet und die königlichen Anlagen zu bloßen Annexen nationalsozialistischer Baumanifestationen herabgewürdigt.

Am deutlichsten wird die Vergewaltigung der klassizistischen

Tradition Münchens durch die Nationalsozialisten bei der Betrachtung des noch im Stadtarchiv erhaltenen Modells der »Großen Achse« aus der Dienststelle des 1939 von Hitler eingesetzten Generalbaurates Hermann Giesler. Eine von gigantischen Marmorpalästen gesäumte Prachtstraße sollte die Münchner Altstadt mit dem nun nach Laim hinausverlegten neuen Münchner Hauptbahnhof und – darüber hinaus – mit einem Autobahnzubringerkreisel bei Pasing verbinden. Auftakt dieses technisch gut durchdachten Straßenbauwerkes mit Parkgeschoßen und Untergrundbahntunnels war ein im Bereich des alten Bahnhofplatzes geplantes, über 200 m hohes, obeliskartiges Denkmal für die nationalsozialistische »Bewegung«, das in seiner Megalomanie nur mit der rund drei Kilometer entfernten gewaltigen Kuppel des neuen Hauptbahnhofes korrespondiert hätte, während die im Osten sich anschließende Münchener Altstadtsilhouette ins Wesenlose abgeglitten wäre.

Bei grundsätzlicher Anerkennung seiner städtebaulichen Unantastbarkeit hätte der eigentliche Altstadtbereich Münchens in der NS-Zeit dennoch einige verkehrstechnische Eingriffe hinzunehmen gehabt, die dem enorm ansteigenden Autoverkehr Rechnung tragen sollten. »Der Führer sagt, der heutige Autoverkehr ist zwar in München schon groß; er gibt uns aber die Versicherung, daß wir in einer geringen Anzahl von Jahren den vierfachen Autoverkehr haben werden«.[33] Infolge der Hitlerschen Prognosen bemühte sich die städtische Sonderbaubehörde »Ausbau der Hauptstadt der Bewegung« seit 1937/38 um eine ringförmige Verbindung der vier Autobahnen von Berlin, Wien, Lindau und Stuttgart an der Peripherie des Stadtgebietes, zum anderen auch um eine »autogerechte« Erschließung des Zentrums, wobei einerseits an einen breiten Umgehungsring der Altstadt mit ausreichendem Parkplatzangebot im Bereich Maximiliansplatz–Sonnenstraße-Sendlinger-Tor-Platz gedacht war (ihm mußte die protestantische Matthäuskirche in der Anlage der Sonnenstraße geopfert werden), andererseits auch an zwei zusätzliche Altstadt-Trassen.[34] Die eine sollte zur Entlastung der Sendlinger Straße vom Sendlinger-Tor-Platz über den Oberanger und den Rindermarkt zum Marienplatz und darüber hinaus durch die Diener- und Residenzstraße zur Ludwigstraße führen, die andere parallel zur Trasse Neuhauser-, Kaufingerstraße – Tal von der Schwanthalerstraße aus über die Hackenstraße und den St.-Jakobs-Platz den Anschluß an die Corneliusstraße gewinnen. Schon 1934 hatte man als Vorstufe dieser Trasse die Corneliusstraße durch die Westbebauung der Müllerstraße hindurch zur Blumenstraße verlängert.

Wünschenswert schien auch der Abbruch von Gebäuden hinter dem Neuen Rathaus, um hier eine große Freifläche mit Parkplatzangebot zu schaffen. Weitere Parkflächen sollten im Apothekenhof der Residenz und am Promenadeplatz gewonnen werden. Der Fußgängerverkehr im Zentrum sollte durch Arkadeneinbauten in die Gebäudefronten weitgehend von den Straßen- und Platzflächen abgeleitet werden, wobei besonders der Marienplatz seinem historischen Erscheinungsbild mit »hellen und finsteren Bögen« wieder angenähert worden wäre.

Ein Vorläufer dieser Verkehrserleichterungen war die 1934 durchgeführte Zusammenfassung von Durchfahrt und Fußgängerpassage unter dem Alten Rathaus zu einem einzigen Bogen von sieben Metern Spannweite und der Durchbruch einer weiteren Fahrbahn mit Gehweg unter dem Nordteil des großen Rathaussaales. Der Verbesserung der Passage vom Marienplatz zum Tal sollte auch die Zurückverlegung der Bauflucht zwischen Sparkassen- und Maderbräustraße für den seit 1936 geplanten Neubau der Stadtsparkasse dienen. Zwar kam das Projekt, das den Platzcharakter des Tals zugunsten einer gleichmäßigen Straßenanlage aufgegeben hätte, nicht mehr zur Ausführung, doch wurde das betreffende Areal noch vor Kriegsausbruch abgeräumt.

Im Hinblick auf die zunehmende Verkehrsproblematik setzte sich Hitler auch persönlich für den baldigen Bau einer Untergrundbahn ein. Wegen der nach seiner Meinung »wohl unendlichen Fundierungsarbeiten«[35] lehnte er aber eine Linienführung Ludwig-, Theatiner-, Wein- und Sendlinger Straße ab und bestand auf dem Ausbau der Trasse Danziger Freiheit (heute Münchener Freiheit) – Odeonsplatz – Karlsplatz – Sonnenstraße – Sendlinger-Tor-Platz – Lindwurmstraße. Am wichtigsten war ihm freilich die Streckenführung zwischen dem neuen Hauptbahnhof und dem Ostbahnhof: »Jedenfalls hat der Führer wiederholt gesagt, daß irgendwelche bürokratischen Erwägungen sofort ausgeräumt werden würden, denn er sagt, wir müssen diese Untergrundbahn bauen, und weil wir müssen, wird es auch gemacht; er hat darüber keinen Zweifel gelassen«.[36] Obwohl die Reichsbahn einer Münchener Untergrundbahn zunächst ablehnend gegenüberstand, entschloß sie sich in der Folge dennoch beide Linien bauen zu lassen.

Die weiter oben skizzierten Planungen der städtischen »Sonderbaubehörde« zur Verkehrsführung im gesamten Stadtbereich und in der Altstadt wurden von der Dienststelle des 1939 eingesetzten und Hitler direkt unterstellten Generalbaurats teilweise abgelehnt und durch eigene Vorschläge ersetzt, teilweise aber auf die lange Bank geschoben. Das Stadtbauamt mit seiner »Sonderbaubehörde« (seit 1939 nur noch Sonderabteilung) war schließlich weitgehend zum ausführenden Organ des Generalbaurats degradiert. Besonders deutlich zeigt sich das Verhältnis der beiden Dienststellen bei einem von Stadtbaurat Karl Meitinger (seit 1938) an Generalbaurat Hermann Giesler adressierten Schreiben vom 12. September 1941, das uns obendrein über die laufende Planung zur »Bereinigung« der Altstadt und zur »Wiederherstellung« des alten Stadtbildes informiert:[37]

In diesem Schreiben bestätigt Meitinger, daß er als Stadtbaurat von Giesler mit der Umgestaltung des Marienplatzes beauftragt sei, wobei der Einbau von Arkaden und eine Fassadenbereinigung hervorgehoben werden. Gleichzeitig habe ihm der Generalbaurat die Einleitung von Maßnahmen zur Pflicht gemacht, um den wichtigsten Straßen der inneren Stadt »unter Wahrung neuzeitlicher Bedürfnisse« ihren »Altstadtcharakter« zurückzugeben. Meitinger möchte dann tätig werden, wenn die Fassaden wegen Brüchigkeit einen gefahrdrohenden Zustand darstellen oder aus sonstigen »Gründen schon jetzt einer Erneuerung bedürfen«. Generell aber muß er eingestehen: »Diese Maßnahmen werden wegen der Material- und Arbeitsmarktlage in durchgreifender und augenfälliger Weise erst nach dem Kriege durchführbar sein«.

Der Krieg freilich nahm eine andere Wendung als vorgesehen. Seit 1942 fügten alliierte Luftangriffe auch München schwere Wunden zu und entstellten schließlich 1943/1944 das Antlitz der Altstadt. In einem mehrseitigen Schreiben vom 6. Juli 1944 an Generalbaurat Hermann Giesler setzte sich Georg Lill, der Direktor des Bayerischen Landesamtes für Denkmalpflege mit der »Erhaltung bzw. Wiederherstellung des wesentlichen Gesichtes der Altstadt« auseinander:[38] »Im Falle Münchens liegen zudem die Dinge so, daß trotz der gewiß überaus schmerzlichen Zerstörungen die denkmalpflegerische Wiederherstellung des alten Stadtgesichtes keine unüberwindlichen Schwierigkeiten bietet, wobei die Denkmalpflege freilich um einen Grad aktivistischer sein darf als in normalen Zeiten. Sie wird auch, ohne ihre Grundsätze verraten zu müssen, wirtschaftlichen Notwendigkeiten entgegenkommen können. Unabdingbar wird sie aber verlangen müssen, daß die alten Straßen- und Platzräume in ihrer wesentlichen Gestalt erhalten bzw. wiederhergestellt werden, d. h. in ihrer charakteristischen Bewegung, ihren Maßverhältnissen und ihren Wänden«. Lill differenziert dabei interessanterweise zwischen jenen Gebäuden, die in ihrer Außenerscheinung ohne jede Beeinträchtigung oder Veränderung wiederhergestellt werden müßten (z. B. Türme und Kuppeln der Stadtsilhouette) und jenen, bei denen es sich nur um die Erhaltung der Fassaden handeln könne, während der Ausbau des Hausinneren mit geringen Ausnahmen einer neuzeitlichen Gestaltung mit wirtschaftlicher Ausnützung zu überlassen sei, »insoweit sie künstlerisch einwandfrei ist und eine gewisse Wahrheitsbeziehung zur Fassade besitzt«.

Zwei Jahre später, 1946, sollte Lill seine optimistische Prognose resigniert zurücknehmen. Von Juli 1944 bis zum April 1945 hatten nämlich angloamerikanische Flugzeuge in immer neuen Angriffswellen weitere hunderttausende Spreng- und Brandbomben über dem Stadtgebiet abgeworfen und schließlich fast alles verwüstet und vernichtet, was einst den Stolz der Kunststadt München ausgemacht hatte: »München, ohne Zweifel die schönste und architektonisch ausgeglichenste Großstadt Deutschlands ist im Kerne des eigenen Wesens getroffen; es hat Blessuren, Brüche und Amputationen hinnehmen müssen, die auch die geschickteste Hand nicht mehr tilgen kann.«[39]

Die Bilanz des 2. Weltkrieges war in der Tat niederschmetternd: Der Baubestand von neun Stadtbezirken wurde zu mehr als der Hälfte total vernichtet, darunter das Gebiet nördlich des Bahnhofs zu 74%, die Altstadt zu 60% und das beste Wohngebiet von München, Schwabing, zu 70%. Nur 2,5% aller Gebäude und Wohnungen blieb unbeschädigt. 108 von 206 Kirchen und Kapellen wurden schwer beschädigt oder ganz zerstört, ebenso 40% aller Verwaltungsgebäude, 50% der Krankenhäuser, Kliniken und Schulen und schließlich 90% aller Bahn- und 50% der Postanlagen.[40]

Mit Ausnahme der Dreifaltigkeitskirche waren alle Kirchen der Altstadt verstümmelt oder in bizarre Ruinen verwandelt; nur noch Fragmente von Außenmauern und verrußte Fassaden markierten jetzt berühmte Residenztrakte, das Nationaltheater, die Alte Akademie, die Herzog-Max-Burg und die meisten der zierlichen Adelspalais des Kreuzviertels. Im Bereich der sich anschließenden Maxvorstadt waren u. a. die beiden Pinakotheken, die Glyptothek und die Basilika von St. Bonifaz aufgerissen und ruiniert, während die sog. Führerbauten und Ehrentempel am Königsplatz unter ihren Tarnnetzen der Zerstörung spotteten. Am Marienplatz hatte eigentlich nur das Neue Rathaus ohne allzugroße substantielle Einbußen die Katastrophe überdauert, während das benachbarte Alte Rathaus mit seinem (schon 1944 abgetragenen) Turm samt der sich anschließenden Gebäude für immer verloren schien. Totalschäden waren zu verzeichnen in den Quartiersblöcken nördlich des Neuen Rathauses und bei der Bausubstanz westlich der Wein- und Theatinerstraße; völlig vernichtet war auch die Bebauung zwischen Rosenstraße und Rindermarkt und das Areal südlich der Kaufingerstraße bis hin zur Fürstenfelder Straße und zum Färbergraben. Während das Hackenviertel, dann Tal und Graggenau (Gegend um das Platzl) verhältnismäßig überschaubare Schäden davongetragen hatten, waren Ober- und Unterer Anger schwer gezeichnet; westlich der Sonnenstraße in Richtung Hauptbahnhof breitete sich eine Trümmerwüste aus.[41]

WIEDERAUFBAUKONZEPTIONEN

Von entscheidender Bedeutung für den Münchener Wiederaufbau wurden die Jahre 1945–1949. Einmal wegen der in vorbildlicher Weise organisierten und durchgeführten Gebäudeschutträumung,[42] die allerdings ob ihres behördlichen Überschwangs von manchen Kritikern auch als »Zweite Zerstörung Münchens« angesehen wird,[43] zum anderen aber im Hinblick auf die Problemstellung: »Rekonstruktion oder Neubau«. Diese Auseinandersetzung, die erst jüngst in verschiedenen Aufsätzen des von Winfried Nerdinger herausgegebenen Katalogs »Aufbauzeit« (1984) eine umfassende Würdigung erfahren hat,[44] wurde zugunsten einer Münchener Mélange aus Traditionalismus und (vorsichtig eingeführtem) Fortschrittsdenken entschieden. Dieser Kompromiß entsprach einmal am besten der ortsansässigen Neigung zur Halbherzigkeit und war überdies schon allein dadurch sympathisch, daß er im Grunde nur längst bekannte – durchaus vernünftige – Planungsziele den veränderten Verhältnissen und neuen Fakten der »Ruinenjahre« anzugleichen suchte.

Protagonist der Münchener Wiederaufbauplanung wurde Karl Meitinger, der alte (1938–1945) und zugleich neue (1945/46) Münchener Stadtbaurat, der – allen modernen Neubauvisionen abhold – im Interesse der künftigen touristischen Attraktivität Münchens ein eindeutiges Bekenntnis zum alten Stadtbild ablegte:[45] »Wir müssen unter allen Umständen trachten, die Erscheinungsform und das Bild der Altstadt zu retten und müssen alles erhalten, was vom Guten und Wertvollen noch vorhanden ist. Wo im einzelnen von den baukünstlerisch wichtigen Bauten noch so große Reste stehen, daß das Ganze rekonstruiert werden kann, soll das alte Bild wieder entstehen; wo nichts mehr vorhanden ist, soll nach modernen Gesichtspunkten, aber im Sinn der Altstadt, neu und frei gestaltet werden«.[46]

Meitingers verkehrstechnische Vorschläge für die Altstadt und ihre unmittelbare Umgebung rezipieren das schon seit dem 19. Jahrhundert praktizierte Verfahren einer Verbreiterung von Straßenräumen durch Zurückverlegung der Baulinien. Wo Häuser vor der neuen Baulinie noch so gut erhalten sind, daß ihr Abbruch nicht gefordert werden könne, sollten, wie bereits 1938 vorgesehen, Arkadeneinbauten eine Zurücknahme der Bürgersteige ermöglichen. Dies wird insbesondere für den Marienplatz gefordert und auch damit eigentlich nur die bisherige Planung des Stadtbauamtes fortgesetzt. Wiederholt wird von Meitinger auch die Anregung, im Bereich nördlich des Alten Rathauses einen großen Platz zu schaffen, »gewissermaßen eine weiträumige städtebauliche Mitte als größere Herzkammer der Stadt«. So darf es eigentlich nicht wundern, daß der sechs Jahre zuvor schon als Altstadtumgehung geplante große Verkehrs- und Parkring ebenfalls wieder Urständ feiert, jetzt freilich in einer den weiten Trümmerfeldern angepaßten neuen Dimension (Straßenbreite 50–70 m). An dieser Ringstraße sollten künftig die großen Geschäfts-, Büro- und Kaufhäuser in Form von »acht- oder neunstöckigen modernen Hochhäusern« entstehen. Noch einmal taucht bei Meitinger auch der alte Plan einer Hinausverlegung des Hauptbahnhofes nach Westen auf, in modifizierter Weise selbstverständlich (400 m), doch immerhin noch verbunden mit dem Anspruch, das gewonnene Areal zwischen altem und neuem Hauptbahnhof zu einem »Geschäfts- und Repräsentationsplatz« zu gestalten. Von den schon im Dritten Reich vorgesehenen Entlastungsstraßen in der Altstadt bleibt nur die parallel zur Sendlinger Straße geplante Trasse Oberanger – Rindermarkt im Programm. Bemerkenswert vorausschauend, daß auch eine Weiterplanung der U-Bahn empfohlen wird.

Entschieden plädiert Meitinger für den Wiederaufbau des alten Rathauses samt Turm, wobei der an den Turm ebenfalls wieder anzufügende Südtrakt (sog. Kleines Rathaus) eine zusätzliche Durchfahrt erhalten soll, so daß künftig insgesamt vier Durchfahrten den Verkehr zwischen Marienplatz und Tal vermitteln würden. Im Interesse dieser zusätzlichen Durchfahrt im Süden des Rathausturmes soll »einer Anregung des Herrn Oberbürgermeisters [Karl Scharnagl] zufolge« die Südfront der Marienplatzbebauung um mehrere Meter zurückgedrängt werden. Unrealistisch scheint freilich die gleichzeitig geforderte Befreiung der Altstadtquartiere von Rückgebäuden und Hofbauten, an deren Stelle Handwerkerhöfe mit großzügigen Durchgängen treten sollen. Auch dieser Vorschlag kann übrigens nicht als neu bezeichnet werden; zwei im Stadtarchiv erhaltene Untersuchungsberichte des Stadtbauamtes über eine mögliche Altstadtsanierung in den Bereichen Angerviertel und Rathausumgebung von 1937 verdeutlichen eine bereits im Dritten Reich erwogene drastische »Auskernung« größerer Altstadt-Baublöcke.[47]

Der »Meitinger-Plan« der von den Vertretern moderner Stadtgestaltungskonzeptionen natürlich scharf abgelehnt wurde, ist, trotz vieler Abstriche und Modifikationen, die aus der Unmöglichkeit von städtischen Grunderwerbungen vor der Währungsreform und der nachfolgenden Finanznot der Stadt resultierten, mit Recht als die tragende Grundidee des Münchner Wiederaufbaues anzusehen. Realisiert wurde in den fünfziger Jahren u. a. die Baulinienrücknahme an der Südseite des Marienplatzes und in bestimmten Bereichen der Kaufinger-/Neuhauser Straße, desgleichen ein teilweiser Arkadeneinbau in die alte und neue Bausubstanz dieses Straßenzuges (u. a. Karlstor, Kaufhaus Hettlage bei der Alten Akademie) und bei der Westbebauung des Marienplatzes (Alte Hauptwache). Straßenverbreiterungen und Erleichterungen für den Fußgängerverkehr erfolgten auch im Bereich der Windenmacherstraße, desgleichen in der Theatiner- und der Maffeistraße etc. Passagen wurden insbesondere zwischen Residenz- und Theatinerstraße, zwischen Theatiner- und Kardinal-Faulhaber-Straße, zwischen Tal und Ledererstraße und zwischen Rindermarkt und Rosental eröffnet. Die Einmündung des Rindermarktes in den Marienplatz wurde aufgeweitet und die Baulinie der östlichen Rosenstraße zurückgenommen.

Am Rindermarkt entstand eine neue Platzanlage und eine Straßenverbindung zum erheblich verbreiterten Oberanger, der auch den Südteil der Pettenbeckstraße in sich aufnahm und abzweigend von der ehemaligen Raspstraße eine direkte Verbindung zum Sendlinger-Tor-Platz herstellte. Auch die Aufgabe der Bebauung zwischen Landschafts- und Schrammerstraße und die Verlegung der letztgenannten Straße nach Norden (heute: Areal Marienhof) wurzelten z. T. in Vorstellungen und Anregungen von 1938/1946.

Der erst in den sechziger Jahren in reduzierter Form zum Abschluß gebrachte sog. Altstadtring aber wurde die wichtigste und zugleich umstrittenste Konsequenz der seinerzeit erstellten Planungen.

Auch andere Wiederaufbaukonzeptionen[48] sollen hier der Vollständigkeit halber noch angedeutet werden. So schlug Adolf Abel (der Nachfolger Theodor Fischers auf dem Lehrstuhl für Stadtbaukunst an der Technischen Hochschule) ein völlig neues Stadtzentrum auf dem freigebombten Areal hinter dem Neuen Rathaus vor, dem fünf sternförmige Fußgängerbereiche zugeordnet waren. In einer Folge von Plätzen, Höfen und Passagen hätten sich diese verkehrsfreien Bereiche zu den Knotenpunkten am Rande der Altstadt hin entwickelt, während die Straßen ganz dem Fahrverkehr überlassen bleiben sollten. Hermann Leitensdorfer (seit 1947 Stadtbaurat) wollte schon 1946 dem Verkehr in der Altstadt keinerlei Zugeständnisse machen, weshalb er auch den Meitingerschen Umgehungsring unterstützte. Dafür sollte dann aber außerhalb der Altstadt »ungehemmt modern« geplant und gebaut werden.

Bei dem 1947 ausgeschriebenen Wettbewerb »Sonnenstraße» wurde die allzu großzügige Anlage dieser wichtigen Etappe des Umgehungsringes durch die amtliche Festschreibung der alten Baulinien verhindert; die dabei aufgezeigte schematische Blockbebauung wurde allerdings in den fünfziger Jahren verwirklicht. Von weittragender Bedeutung für den historischen Mittelpunkt der Stadt wurde ein 1948 durchgeführter Neugestaltungs-Wettbewerb »Marienplatz«. Sein Ergebnis charakterisierte besonders deutlich das allgemeine Dilemma des Münchener Planungsprozesses: keine modernen Lösungen im Altstadtbereich, aber auch keine Rekonstruktion der Vorkriegsverhältnisse, sondern am liebsten ein aus vielen Übernahmen und Abwandlungen zusammengesetzter Kompromiß. Weitgehende Folgen hatte insbesondere die vom ersten Preisträger vorgeschlagene drastische Aufweitung der Südostsituation, die den Marienplatz bis 1970 zu einer bloßen Durchgangsstraße herabwürdigte.

DAS NEUE STADTBILD

Wie stand es nun aber um die Erhaltung und die Erneuerung der Altstadt-Bausubstanz? Die um 1950 zu einem gewissen Abschluß gekommene Grundstücksenttrümmerung brachte in vielen Bereichen des Zentrums riesige Freiflächen mit ungewohnten Durch- und Ausblicken. Da Neubaumaßnahmen in den vierziger Jahren zunächst am Baustoffmangel gescheitert waren, hatte sich die Stadtverwaltung noch während der Schutträumung zu einem für das darniederliegende Geschäftsleben bedeutsamen Kompromiß entschlossen, der für viele Jahre das Gesicht der Innenstadt prägen sollte. Verschiedene Trägergesellschaften durften auf freigeräumten öffentlichen Plätzen sog. Behelfsläden errichten, die zunächst nur in Barackenbauweise ausgeführt, nach und nach aber durch halbmassive Konstruktionen ersetzt wurden. Eingepaßt in ein Ambiente von Lücken und Ruinen waren die aufdringlich-unauffälligen Behelfsläden die architektonische Entsprechung der damaligen Behelfs- und Ersatzwelt. Ihre auf die Erdgeschoßzone beschränkte Höhenentwicklung schien dem gedrückten Lebensgefühl und den gedämpften Erwartungen der Münchener gut zu entsprechen. Erst mit den beginnenden fünfziger Jahren füllten sich die Baulücken der Altstadt wieder mit Hochbauten, die teilweise mit schlichten Putzfassaden stilistische Bescheidenheit demonstrierten, teils aber auch durch offengelegte Funktionalität selbstbewußt ihr Umfeld herausforderten. Analog der kontroversen Diskussion um angepaßte oder kompromißlos-moderne Stadtplanung entwickelte sich unter den Fachleuten eine leidenschaftliche Auseinandersetzung um fortschrittliche oder traditionsverhaftete Wiederaufbauarchitektur, die jeweils in überzeugenden Beispielen zur Darstellung kam.

Die Moderne erreichte das Zentrum in vielen Abstufungen. Am rarsten – weil am provozierendsten – waren die Kuben der im Skelettbau durchgeführten Neubauten mit Rasterfassaden, wie sie uns bei der Neuen Maxburg (Architekten Ruf und Pabst), dem neuen Verwaltungsgebäude der Siemens AG am Oskar-von-Miller-Ring (Architekt v. d. Lippe) oder beim Kaufhof am Stachus (Architekt Pabst) begegnen. Häufiger waren freilich die betont schlicht gestalteten Baukörper mit plastisch oder farblich akzentuierten Fassaden.[49] »In München hat sich der für unterschiedlichste Bedürfnisse anpassungsfähige Typ des Traufseitbaus mit verputzter Lochfassade und flachgeneigtem Dach durchgesetzt, gestalterisch angereichert durch aufgemalte oder aufgeputzte Gliederungen oder durch Schmuckelemente, die wie ›Kunst am Bau‹ wirken. Dabei konnte man insofern ein Anknüpfen an die architektonische Tradition der Stadt geltend machen, als sich in München seit dem ausgehenden Mittelalter der Typ des Traufseithauses mit relativ schlichter, häufig bemalter Putzfassade durchgesetzt hatte. Allerdings entfielen bei den Neubauten die hohen Speicherdächer als charakteristisches Merkmal der alten Häuser«.[50]

Die sich mit der Tradition verbindende Moderne hat ein besonders überzeugendes Beispiel im Kaufhaus Hettlage an der Neuhauser Straße (Architekt Wiedemann) – an Stelle des Westflügels der Alten Akademie – gefunden. Der Neubau harmoniert durch lineare Fassadenbemalung und angedeutete Fensterbrüstungen gut mit dem anstoßenden Renaissancegiebel. Lokalkolorit vermittelt auch das Gebäude des Amtes für Wohnungswesen an der Burgstraße (Architekten Röder und Fick), das mit gekrümmter Fluchtlinie, mit Polygonerker und gliedernder Fassadenbemalung eine dem Altmünchener Straßenbild wesensverwandte Lösung anbietet. »Die Hausmalerei wird straßenweise, zum Beispiel im Tal, anscheinend programmäßig betrieben, wobei die farbige Gestaltung von streng-geometrisch-winkliger Rahmengliederung bis zu freien Abstraktionen reicht, die den Häusern einen beinahe barocken und damit höchst münchnerischen Charakter verleihen ...«.[51]

Diese positive Darstellung der Stadtbildveränderung durch modernes Bauen und Gestalten ist natürlich einseitig. Nicht immer war der Zusammenklang von Alt und Neu als geglückt anzusprechen und was den Architekten gefiel, konnte nicht unbedingt auch auf Anerkennung durch die Münchener Bevölkerung rechnen. Als wahre Monstrositäten wurden insbesondere die riesigen Parkhochhäuser angesehen, die sich aus »Verkehrsrücksichten« auch in der Altstadt selbst (z. B. Färbergraben, Oberanger) breitmachten. Als ebenso problematisch wie das taktvolle oder taktlose Einbringen von Neubauten in das Ensemble noch bestehender Gebäude oder Gebäudeteile erwies sich auch die allgemeine Tendenz, überkommene und an sich erhaltenswerte Bausubstanz dem neuen, sachlichen Stilempfinden zu unterwerfen. Durch das Abschlagen von Gesimsen und die Beseitigung von Putzdetails, später auch durch das Vorblenden von Kunststein- oder Metallfassaden wurden viele Architekturbeispiele aus Klassizismus und Historismus ihres individuellen Charakters beraubt[52].

Daß in München der Vorkriegscharakter der Altstadt zumindest in groben Zügen nachgezeichnet werden konnte, war in erster Linie dem schon unmittelbar nach Kriegsende einsetzenden Bemühen um die Rettung der Sakral- und monumentalen Profanbauten zu verdanken, wobei der Gemeinsinn der Münchener Bevölkerung (Kulturbaufond) eine wesentliche Triebfeder war. 1951 wurde der Turm von St. Peter wiederhergestellt, 1952 begann man mit der Einwölbung des Langhauses. 1953 glänzten wieder kupferne Hauben auf den Türmen der Frauenkirche und auch die Einwölbung des Kirchenschiffes kam zum Abschluß. Im selben Jahr wurde auch der Wiederaufbau der Michaelskirche vollendet. 1952/53 entstand das Alte Rathaus neu, dessen historischer Tanzsaal 1956/58 rekonstruiert wurde. 1957/58 erhielt endlich auch der Turm der Hl.-Geist-Kirche wieder seine charakteristische barocke Bedachung – um hier nur einige wenige Beispiele anzuführen.

Das 1958 zu feiernde 800jährige Stadtjubiläum hat den Wiederaufbauwillen der Münchener und ihrer Stadtverwaltung nicht unwesentlich angespornt, der dadurch ausgelöste »Termindruck« hat neben vielen staunens- und bewunderungswürdigen Leistungen freilich auch manch übereilte Maßnahme an erhaltenswerter historischer Substanz ausgelöst.

Der fromme Wunsch Georg Lills von 1944, die Straßen und

Platzverhältnisse der Altstadt »in ihrer charakteristischen Bewegung, ihren Maßverhältnissen und in ihren Wänden« zu erhalten bzw. wiederherzustellen, war durch das Trümmer-Inferno des letzten Kriegsjahres obsolet geworden. Die Vertreter der Denkmalpflege waren mit Sicherung und Rettung der wichtigsten Traditionsbauwerke vollauf beschäftigt, wobei auch auf diesem Feld eine Grundsatzkontroverse um Rekonstruktion oder »ruinengerechten Ausbau« (z. B. Alte Pinakothek) die Verantwortlichen verunsicherte und in verschiedene Lager spaltete.[53] Von den tatsächlichen Gegebenheiten her sicher richtig, allein im Hinblick auf die zitierten Überlegungen Lills mit gewissen Einschränkungen zu versehen, ist die folgende Umschreibung der damaligen Situation: »Die Bauhistoriker konzentrierten sich auf die Monumentalbauten; die Entscheidung über den Wiederaufbau der Wohn- und Geschäftshäuser überließen sie den Bauverwaltungen. Erst später, als der Wiederaufbau der zerstörten Städte abgeschlossen war, setzte sich der Gedanke des Ensembleschutzes durch. In der Trümmerzeit bezog sich die Denkmalpflege einseitig auf die herausragenden Werke der Sakral- und Profanbaukunst; alles übrige war dem Aufgabenfeld des Städtebaus zugeordnet«.[54]

ALTSTADT UND MODERNE VERKEHRSPLANUNG

Die verkehrsplanerischen Schwierigkeiten Münchens auf dem Weg hin zur Millionenstadt (1957) übertrafen freilich das Problem der Stadtgestaltung erheblich. Den im Dritten Reich (in mehreren Varianten) vorgesehenen Verbindungsring der Autobahnen hatte man ebenso wie den Altstadt-Umgehungsring – ungeachtet der Empfehlung Karl Meitingers – zurückgestellt.

Das steigende Verkehrsaufkommen durch die beginnende allgemeine Motorisierung Deutschlands führte dann allerdings dazu, daß man bereits 1950 wieder einen kleineren, weiter in die Stadt hereingeschobenen Autobahnring in Planung nahm. Diesem Konzept wurde von anderer Seite die Überlegung entgegengehalten, daß eine aufwendige Autobahnverbindung durch den Ausbau städtischer Straßen ersetzt werden könne. Eine 1952–1954 mittels umfassender Verkehrszählungen durchgeführte Untersuchung durch die Professoren Feuchtinger, Rukker und Schlums führte wieder zu der Erkenntnis, daß ein System von Stadtstraßen mit niveaugleichen Kreuzungen keine Verbesserung bringe, daß aber andererseits ein hereingerückter Autobahnring nicht bis zur Bauwürdigkeit ausgelastet werden würde. Einem Vorschlag des Stadtbaurates Hans Högg entsprechend sollten dann wieder die Autobahnen, nach Art amerikanischer Highways weitgehend als Brückenstraßen, sternförmig in die Stadt hereingezogen werden.[55] Da aber in der Folge Bund und Land eine Beteiligung an diesem Projekt ablehnten, kehrte man nach einer weiteren Untersuchung der Ingenieurbüros Dorsch-Gehrmann und Kocks vom Jahre 1956 wieder zu den »Ring-Lösungen« zurück: einem inneren Ring (Altstadtring), der die über den Marienplatz führenden Bundesstraßen zusammenführt und damit die eigentliche City entlastet und einem mittleren Ring, der die Verbindung der Autobahnen und damit die Ableitung des tangentialen Verkehrs von der Kernstadt garantiert.

Die geplanten und z. T. realisierten Maßnahmen in der Altstadt, die auf Straßenverbreiterung durch Baulinienrücknahme und Arkadeneinbau und auf eine systematische Anlage von Passagen hinausliefen, wurden schon weiter oben angedeutet.

Gleichzeitig mit der neuerlichen Entscheidung für die Ringstraßen beschäftigten sich eingehende Studien mit städtischen Massenverkehrsmitteln, nachdem bislang lediglich die Bundesbahn an einer unterirdischen Trasse zwischen Hauptbahnhof und Ostbahnhof geplant hatte. Untersuchungen bestätigten den Stadtplanern, daß die S-Bahn-Verbindung der Bundesbahn dem innerstädtischen Verkehr nicht genügen könne und daß die Stadt selbst mit eigenen Verkehrsmitteln unter die Erde müsse.

Um in dieser Vielfalt der Meinungen zu anwendbaren Ergebnissen zu gelangen, beauftragte der Stadtrat 1959 die Professoren Steiner (Zürich) und Guther (Darmstadt) mit der Begutachtung bzw. Überarbeitung des zur Verfügung stehenden Planmaterials, insbesondere des Generalverkehrs- und des Wirtschaftsplanes der Stadt von 1958. Auf Vorschlag der beiden Gutachter wurde als dritter Berater für die Fragen des Straßen- und Massenverkehrs Professor Leibbrand (Zürich) zugezogen. Die Empfehlungen der Gutachter, die auf dem Verkehrssektor die Meinung der Stadt über die Gestaltung der Massenverkehrsmittel bestätigten und den Straßenbau noch stärker als bisher an Verkehrsleistungsberechnungen orientiert sehen wollten, wurden 1960 vom Stadtrat gebilligt; gleichzeitig beschlossen die Stadtväter, daß ein Stadtentwicklungsplan auszuarbeiten sei, der die in den nächsten 30 Jahren anzustrebende städtebauliche und verkehrsmäßige Ordnung der Stadt zur Darstellung bringt.

Dieser Aufgabe unterzog sich die »Arbeitsgemeinschaft Stadtentwicklungsplan München«, die sich aus den Professoren Guther und Leibbrand und dem Architekten Hartmann zusammensetzte.

Nach der spektakulären Abberufung von Professor Leibbrand 1961 wurde Professor Jensen Leiter der Arbeitsgemeinschaft, die bereits ein Jahr später ihre Konzeption dem Stadtrat vortragen konnte. Der auf dieser Grundlage am 10. Juli 1963 verabschiedete »Stadtentwicklungsplan« (sog. Jensen-Plan) setzte neue Akzente. Ein leistungsstarkes und attraktives Netz des Massen- und Individualverkehrs sollte die verschiedenen Stadtteile und neugeplanten Subzentren weiter auf die wirtschaftlich und kulturell dominierende Innenstadt hin ausrichten, doch beabsichtigte man die öffentlichen und privaten Verkehrsmittel künftig im Erscheinungsbild der Altstadt nicht mehr dominieren zu lassen. Während der Massenverkehr aus den Rand- und Außenbezirken über S- und U-Bahn unterirdisch ein- oder durchgeschleust werden sollte, war für den Individualverkehr der (schon so lange geforderte) Umgehungsring um die Altstadt mit einer Serie von Parkhäusern vorgesehen.

In Ergänzung des Stadtentwicklungsplanes sollte ein Plan für die Einrichtung eines Fußgängerbereiches entwickelt werden; Professor Jensen legte ein entsprechendes Gutachten 1965 vor und ein Jahr später faßte der Stadtrat den Beschluß, das historische Straßenkreuz im Mittelpunkt der Altstadt als »Fußgängerzone« zu gestalten.

DIE »CITY« UND IHRE VOR- UND NACHOLYMPISCHEN VERÄNDERUNGEN

Die bereits zwischen 1870 und 1914 und (in abgeschwächter Form) zwischen 1933 und 1939 beobachtete »Citybildung«, mit zunehmender gewerblicher Nutzung der Gebäude bei gleichzeitiger Reduktion des Wohnraums, hatte, hervorgerufen durch die zerstörungsbedingten Neubaumöglichkeiten und dem nach der Währungsreform auch in München einsetzenden wirtschaftlichen Aufschwung, in den fünfziger Jahren enorme, ja beängstigende Fortschritte gemacht. Einer sozialgeographischen Studie zufolge[56] fügten sich im Jubiläumsjahr 1958 die mehr oder weniger »entvölkerten« Geschäftsstraßen bereits zu einer Zone zusammen, die sich von der Diener-/Residenzstraße bzw. der Theatiner-/Weinstraße aus über den Marienplatz (einschließlich Rindermarkt, Rosental, Fürstenfelder Straße und Färbergraben) durch die Kaufinger-/Neuhauser Straße zum Karlsplatz und Lenbachplatz und von da durch alle Straßen nach Westen bis zum Hauptbahnhof erstreckte. Südlich davon umfaßte diese Zone die Schwanthaler- und Landwehrstraße und erreichte über die Herzog-Wilhelm- und die Sonnenstraße das Sendlinger Tor. In all diesen Straßen dominierten die auf Totalnutzung eines Gebäudes angelegten Kauf- und Warenhäuser und die über den Laden- und Lagerbereichen mit Büros und Praxen belegten »gemischten« Geschäftsbauten. Steigende Baukosten und andere finanzielle Überlegungen hatten nach dem Kriege den Wohnbau im Zentrum schnell absterben lassen und die abgeräumten Trümmerstätten der allseits bejubelten Konjunktur der Geschäftswelt preisgegeben.

Der Altstadt-Bauboom der fünfziger und sechziger Jahre konzentrierte sich in der Folge nicht nur auf Ruinenflächen. Er forderte seinen Tribut schließlich auch von Altbauten, die den Krieg überdauert hatten. Die allgemeine Aufgeschlossenheit für ein »moderneres München« und das Fehlen eines Denkmalschutzgesetzes verführten bisweilen zu einem allzu großzügigen Umgang mit der Überlieferung. Typisch für diese Entwicklung war der Abbruch einer historischen Häusergruppe (darunter das Geburtshaus von Richard Strauß) im Bereich Altheimer Eck, Eisenmannstraße und Neuhauser Straße im Februar 1961. Kein Geringerer als der Theaterwissenschaftler und Kunstkritiker Wolfgang Petzet erlaubte sich nach dem entsprechenden Beschluß des Baurechtsausschusses einen tiefempfundenen »Seufzer für Alt-München«: »Zwar liegt noch kein brauchbarer Plan für die Neubauten vor – der zuerst eingereichte war so bar jeden Einfalles, daß ihn der Baurechtsausschuß zurückwies –, aber zunächst soll erst einmal abgebrochen werden. Es war dem Ausschuß angesichts solcher Vorhaben nicht möglich, auf Bagatellen, wie einen gotischen Giebel und eine »Himmelsleiter«, eine für die Münchner Häuser des 15. Jahrhunderts typische, steil ansteigende, einläufige Treppe und eine anmutige, klassizistische Fassade, Rücksicht zu nehmen. Das Bedauern in der Verhandlung soll groß gewesen sein«.[57]

»Altstadtring«, »Fußgängerzone« und die Realisation des sich in der Kernstadt kreuzenden S- und U-Bahnsystems (Baubeginn durch die Bundesbahn 1967) wiesen der Münchener Altstadt dann in den sechziger und siebziger Jahren eine neue Zentralität im Stadtgefüge zu. Sie markierten aber auch ein ganz neuartiges öffentliches Engagement für die vielen anstehenden Detailprobleme und gaben Anlaß für eine breite Diskussion zwischen Planern und Bürgern. Gerade der »Altstadtring« wurde in seiner östlichen Trassierung zum »casus belli« zwischen Stadtverwaltung und öffentlicher Meinung. Als »Boulevard« angepriesen, wurde er von den Planungsgegnern als »Kahlschlag« verteufelt. Man machte ihm zum Vorwurf, daß er alte Bausubstanz im Lehel beseitigte, insbesondere aber daß er die Prunkachse der Maximilianstraße brutal entzweischneide und Hofgarten und Englischen Garten endgültig voneinander trenne. Besonders attackiert wurde die Lösung beim Prinz-Carl-Palais: »Rampen, Tunnels, nichts als Fahrspuren, dort wo die Gärten ineinander übergehen sollten. Die Projekte sind zwar unter dem Druck der Öffentlichkeit etwas gemildert worden; aber auch das, was heute im Bau ist, wird sogar von Vertretern der offiziellen Stadtplanung als ›kannibalisch‹ bezeichnet«.[58] Viel zu spät mußte man nun erkennen, vor allem aber erleben, wie dieser Autoring als »blecherne Stadtumwallung« die Altstadt von den anrainenden und mit ihr inzwischen zusammengewachsenen innerstädtischen Bereichen wieder separierte und die schönen und repräsentativen Anlagen von Maximilians-, Lenbach- und Karlsplatz zu Durchgangsstraßen verwandelte.

Sammelbecken des Unmuts und Ausgangspunkt wichtiger Anregungen wurde das »Münchener Diskussionsforum für Entwicklungsfragen«, kurz »Münchener Forum« genannt, das seit 1968 Stadtplanung durch Information und Beteiligung der Öffentlichkeit überschaubarer macht.

1967 schrieb die Stadt einen Ideenwettbewerb aus, der die Gestaltung des Fußgängerbereiches zum Ziel hatte, die Eröffnung der Olympischen Spiele in München 1972 war dabei die zeitliche Vorgabe. Das Projekt der Architekten Winkler und Meschederu, das 1969 vom Stadtrat genehmigt wurde, legte die Situation im Bereich Marienplatz-Kaufingerstraße-Neuhauser Straße-Karlstor und Weinstraße-Rosenstraße fest.

Als Münchens »Gute Stube« gefeiert und am 30. Juni 1972 in festlicher Form der Öffentlichkeit übergeben, wurde die (inzwischen noch erweiterte) natur- und kunststeingepflasterte Fußgängerzone mit ihren Baumpflanzungen, Blumenkästen, Vitrinen, Leuchten, Sonnenschirmen, Fahnenmasten, Bänken und Stühlen von vielen aber sehr bald auch als Problemzone erkannt, in der u. a. Münchens »Straße«, die historische Verkehrs- und Lebensader der Stadt, die Umwidmung zu einer Abfolge möblierter »Ruhe- und Verweilbereiche« erfuhr. Die vorolympische Verschönerungseuphorie führte auch dazu, daß 1970 der Wiederaufbau des 1944 zerstörten Alten Rathausturmes beschlossen wurde, wobei man sich für die »Rekonstruktion« eines hypothetisch-spätgotischen Zustandes entschied. Auch dieses Vorhaben führte zu einer heftigen Diskussion in der Öffentlichkeit, wobei die abmahnenden Bedenken zahlreicher Kritiker z. T. in recht schroffer Weise Überdruß am innerstädtischen Wandel zum Ausdruck brachten: »Nichts gegen den Turm... Nur komme man uns nicht damit, solche illusionistischen Dekorationstricks hätten mit geschichtlichem Bewußtsein oder der Bewahrung historischer Substanz irgendetwas zu tun. Es reicht nicht einmal für ein Alibi. Historische Substanz kann man pflegen oder verschleudern, aber schaffen kann man sie nicht, und geschichtliches Bewußtsein zeigt sich vor allem darin, daß man sich nichts vormacht. Ziemlich tatenlos sehen wir seit zwanzig Jahren zu, wie Business und der Götzendienst ums Auto die Stadt als Lebensraum zerstören. Hier ein schönes altes Bürgerhaus, das der Spitzhacke zum Opfer fällt, da Bäume, die der Fahrbahnverbreiterung weichen müssen, dort ein unverwechselbarer Straßenraum, der von Stadtautobahnen zerschnitten wird – die Wüste breitet sich aus, die Oasen schwinden, langsam aber unwiderruflich. Dagegen hilft keine ästhetische Mogelei, kein historisches Kostümfest auf der städtebaulichen Spielwiese. Aufragend aus dem Schlachtfeld des Ausverkaufs im geborgten Schein versunkener Zeiten, wird die Rekonstruktion eines Turmes, den es in dieser Form seit Jahrhunderten nicht mehr gab, dann zum Zeugnis dafür, was vom geschichtlichen Erbe blieb: leere Attrappe für ein Gaukelspiel, in dem man ›Kultur‹ und ›Traditionsbewußtsein‹ als unverbindlichen Requisitenzauber vor sich selber inszeniert.«[59]

Nach der überdurchschnittlichen Prosperität der sechziger Jahre bedeutete das Ende der Olympischen Spiele für den Münchner Stadtrat eine willkommene Zäsur, um aus den Fehlentwicklungstendenzen durch eine Politik des »abgeschwächten Wachstums« fällige Konsequenzen zu ziehen. Der Stadtentwicklungsplan 1974 forderte den Erhalt der Originalität und des gewachsenen strukturellen und städtebaulichen Gefüges der zentralen Stadtbereiche und strebte gleichzeitig einen vernünftigen Abbau der durch neue einseitige Verkehrsvorteile geförderten Zentralität der Stadtmitte an. Der dort auftretende Entwicklungsdruck sollte auf qualifizierte Alternativstandorte in den Außenbereichen oder der Region verteilt werden.

Abwehr zusätzlicher Verkehrsflächen und Büros, Erhalt von Wohnnutzung (1905 lebten 39 728 Einwohner in 8 967 Wohnungen der Altstadt, 1983 nur noch 11 161 Einwohner in 4 494 Wohnungen), Verbesserung der Umweltqualität durch Grünzonen und umsichtige Stadtbildpflege sind nur einige der auf das Zentrum Münchens bezogenen Zielvorstellungen. Die angestrebte »Stadt im Gleichgewicht« möchte einen vertretbaren Ausgleich zwischen der Altstadt und den um diese angelagerten »Wachstumsringe« herbeiführen. Ob und inwieweit diesen Vorstellungen ein Erfolg beschieden sein wird, muß noch abgewartet werden. Das Erscheinungsbild des Münchener Zentrums – das auch in den letztvergangenen 15 Jahren durch umstrittene Baumaßnahmen (z. B. Kaufhof am Marienplatz)

Gegenstand heftigster Diskussionen geblieben ist – wird von dieser notwendigen Entlastung, ebenso wie von einer noch konsequenteren Anwendung des seit 1973 bestehenden Bayerischen Denkmalschutzgesetzes sicher profitieren.

München, 1985 *Richard Bauer*

ANMERKUNGEN

1 Dazu ausführlich E. Stecher, Die natürlichen Grundlagen der baulichen Entwicklung der Stadt München, in: Wirtschafts- und Verwaltungsblatt der Hauptstadt der Bewegung, München 1942, H. 2, S. 29–36

2 Zur Entwicklungsgeschichte Münchens vgl. K. Bosl, München, Bürgerstadt – Residenz – heimliche Hauptstadt Deutschlands, Stuttgart und Aalen 1971

3 Vgl. R. Schaffer, Der Münchener Stadtplan als Geschichtsquelle, in: Wirtschafts- und Verwaltungsblatt der Hauptstadt der Bewegung, München 1942, H. 2, S. 37–45

4 Vgl. A. v. Reitzenstein, Die alte bairische Stadt in den Modellen des Drechslermeisters Jakob Sandtner, gefertigt in den Jahren 1568–1574 im Auftrag Herzog Albrechts V. von Bayern, München, 1967 und G. Steinlein, Die Baukunst Alt-Münchens; eine städtebauliche Studie über die Münchener Bauweise von der Gründung der Stadt bis Ende des 16. Jahrhunderts, in: Bayer. Heimatschutz, Jg. 18 1920, H. 3: 12, S. 3–62

5 Hierzu ausführlich Karl Erdmannsdorffer, Das Bürgerhaus in München, Bd. 17 der Folge: Das deutsche Bürgerhaus, Tübingen 1972

6 J. Burgholzer, Stadtgeschichte von München, als Wegweiser für Fremde und Reisende, München 1796, S. 146

7 G. Dischinger und R. Bauer (Hrsg.), München um 1800, Die Häuser und Gassen der Stadt, gezeichnet und beschrieben von Johann Paul Stimmelmayr, München 1980

8 Vgl. R. Bauer und E. Graf, Nachbarschaften, Altmünchner Herbergsviertel und ihre Bewohner, München 1984, S. 15 ff.

9 Dazu ausführlich P. Grobe, Die Entfestigung Münchens, Dissertation, München 1970; Kurzfassung in : Bd. 27 der Neuen Schriftenreihe des Stadtarchivs München »Miscellanea Bavarica Monacensia«, München 1970

10 Vgl. R. Schaffer, Die Einteilung der Stadt München bis zu den Bezirksinspektionen im Jahre 1876/77 in: Wirtschafts- und Verwaltungsblatt der Hauptstadt der Bewegung 1943, H. 1. S. 74–77

11 Vgl. J. Wiedenhofer, Die bauliche Entwicklung Münchens vom Mittelalter bis in die neueste Zeit im Lichte der Wandlungen des Baupolizeirechts, München 1916, hier: S. 32–88

12 Eine ausgezeichnete Zusammenfassung der Bauentwicklung Münchens in dieser Zeit bietet insbesondere F. Zimmermann, Wohnbau in München 1800–1850, Bd. 129 der Neuen Schriftenreihe des Stadtarchivs München, »Miscellanea Bavarica Monacensia,« München 1984

13 Der im Folgenden beschriebene Wandlungsprozeß ist bildmäßig nachzuvollziehen bei R. Bauer (Hrsg.), Das alte München, Photographien 1855–1912, gesammelt von Karl Valentin, München 1982

14 So R. H. Francé, München, Die Lebensgesetze einer Stadt, München 1920, S. 328

15 Stadtzentrum wird hier und im Folgenden als Synonym für Altstadt (im Umfang der 1812 erweiterten Vierteleinteilung) verstanden; kein Zusam-

menhang besteht mit der eher willkürlichen sozialwissenschaftlichen Definition, wie sie bei W. Hartenstein und B. Lutz, City München, Veröffentlichungen des Instituts für angewandte Sozialwissenschaft Bad Godesberg, Bd. 4, 1963, S. 56/57 niedergelegt ist

16 Dieses Thema wird umfassend behandelt von H. Selig, Stadtgestalt und Stadtbaukunst in München 1860 bis 1910, München 1983

17 Th. Fischers Vorstellungen und die darauf bezogenen Maßnahmen (z. B. Staffelbauordnung 1904) sollten die Entwicklung Münchens auch im 20. Jahrhundert maßgeblich beeinflußen und in ihrer Weiterentwicklung (Generalbaulinienplan 1927) mit der Strukturierung des »Großraums« München auch die Gemeinden des Umlandes in städtebaulichen Zusammenhang mit der Stadt bringen

18 Mit der Stilentwicklung bis einschließlich Prinzregentenzeit beschäftigt sich D. Klein, Stadtplanung und Architektur in München seit der Mitte des 19. Jahrhunderts, in: Bauform, Fachzeitschrift für Architektur, Bau, Energie, H. 105, Wien 1984, S. 18–27. Einzelgebäude werden beschrieben in: München und seine Bauten, München 1912

19 Vgl. A. Blößner, 25 Jahre Münchener Stadterweiterung 1893–1918, München o. J. und A. Blößner, Verhandlungen und Planungen zur städtebaulichen Entwicklung der Stadt München von 1871–1933, München 1949

20 Stadtarchiv München, Kommunalamt, Abgabe 60/8 b, Bündel 79/386

21 Vgl. H. Schmidt, Citybildung und Bevölkerungs-Verteilung in Großstädten, München 1909, S. 60

22 H. Grässel, Die Erhaltung des Charakters der Stadt München, Vortrag gehalten am 17. 1. 1917, hrsg. von B. Borst, München 1953, S. 3

23 Vgl. A. Gut, Die Wohnungsnot und ihre Bekämpfung, in: Das Wohnungswesen der Stadt München 1928, S. 97–118, hier S. 97

24 Ebenda

25 F. Beblo, Neue Stadtbaukunst, Berlin, Leipzig, Wien, 1928, S. VIII

26 Ebenda

27 W. Nerdinger in: Die Zwanziger Jahre in München, Katalog zur Ausstellung im Münchener Stadtmuseum, S. 336: »Das München der Zwanziger Jahre ist kein Vorort der Moderne«.

28 So F. Beblo, Neue Stadtbaukunst, S. XIV.

29 Vgl. F. Beblo, Hochbauten der Stadgemeinde München in den letzten Jahren, in: Stadtbauamt – Archiv, 1926, S. 3. Vgl. auch: München und seine Bauten nach 1912, München 1984

30 K. Karlinger, Das Bauschaffen der Stadt München nach dem Kriege, in Deutsche Bauzeitung, H. 68, 1934 S. 546–552, hier S. 548

31 J. Rank, München auf dem Wege zur Millionenstadt, München 1928, S. 3

32 Über die Bauten und Projekte der NS-Zeit in München informiert ausführlich H. P. Rasp, Eine Stadt für tausend Jahre, München 1981

33 Oberbürgermeister K. Fiehler in einer Referentenbesprechung am 1. 3. 1937, Stadtarchiv München, Bauamt-Hochbau 897/3

34 Nach einer Denkschrift des Gauleiters und Staatsministers A. Wagner vom 23. 1. 1937 (Stadtarchiv München, Hochbauamt 897/2) und einer von Stadtbaurat K. Meitinger unterzeichneten Vorlage der sog. Sonderbaubehörde/Stadtbauamt vom 22. 9. 1938, (Stadtarchiv München, Bauamt-Hochbau 898)

35 wie Anmerkung 33

36 Ebenda

37 Stadtarchiv München, Kommunalamt, Abgabe 60/8 b, Bündel 130

38 Stadtarchiv München, Zeitgeschichtliche Dokumentation

39 G. Lill, Um Bayerns Kulturbauten, Zerstörung und Wiederaufbau, in: Geistiges München, H. 2, 1946, S. 8

40 Vgl. den Bericht des Wiederaufbaureferenten H. Fischer von 1949 in: R. Bauer, Ruinenjahre, München 1983, S. 45 ff.

41 Mit über 200 Aufnahmen des zerstörten München zwischen 1945 und 1949 bietet der genannte Bildband von R. Bauer, Ruinenjahre, eine wichtige Ergänzung der vorliegenden Dokumentation

42 Vgl. ebenda S. 41 ff.

43 Vgl. E. Schleich, Die zweite Zerstörung Münchens, Stuttgart 1978

44 »Aufbauzeit«, Planen und Bauen München 1945–1950, Katalog zum Architekturteil der Ausstellung Trümmerzeit im Münchener Stadtmuseum, München 1984, vgl. darin insbesondere den Aufsatz von W. Nerdinger, Wiederaufbau oder Neuaufbau S. 9–18

45 Richtungsweisend seine Broschüre, Das neue München, Vorschläge zum Wiederaufbau, München 1946

46 Ebenda S. 9

47 Stadtarchiv München, Bauamt-Hochbau 1058 und 1059

48 Vgl. »Aufbauzeit« (wie Anmerkung 44) S. 86–91; S. 107–110; S. 116–121

49 Zur Neubausituation in München vgl. 7 Jahre Wiederaufbau in München, München 1952; München im 10. Nachkriegsjahr, München 1954 und München setzt Stein auf Stein, München 1958. Vgl. auch München und seine Bauten nach 1912, München 1984

50 Vgl. M. Brix, Formale Leitlinien des Wiederaufbaus Innere Stadt, in: »Aufbauzeit« (wie Anmerkung 44) S. 34

51 A. Leitl, München und die neue Architektur, in: Baukunst und Werkform H. 10, 1957, S. 579

52 Vgl. »Süddeutsche Zeitung« vom 12. 2. 1969: »Zu einer Aktion ›Rettet Münchens Fassaden‹ hat die Fachschaft Kunstgeschichte der Münchner Universität aufgerufen. Diese Aktion geht auf einen Appell des städtischen Baureferats an die Hausbesitzer zurück, bei der Renovierung ihrer Häuser nicht die Stuckfassaden aus der Gründerzeit abzuschlagen und durch einen Putz ohne Profile zu ersetzen. Da die Hausbesitzer meist in der falschen Vorstellung, ihre Gebäude dadurch zu modernisieren, den Wert der Häuser mindern und auf diese Weise ganze Straßenzüge veröden, wollen sich das Baureferat und die Studenten der Fachschaft Kunstgeschichte gemeinsam an die Öffentlichkeit wenden.«
Am 30. Juli 1969 beschloß der Stadtrat für besonders vorbildliche Reno-

vierungen von Stuckfassaden der Gründerzeit und des Jugendstils einen Wettbewerb durchzuführen, wobei die besten Renovierungen prämiert werden sollen.

[53] Vgl. E. Altenhöfer, Die Alte Pinakothek, in: »Aufbauzeit« (wie Anmerkung 44), S. 63–76

[54] So M. Brix, Formale Leitlinien des Wiederaufbaus Innere Stadt, in: »Aufbauzeit« (wie Anmerkung 44), S. 34

[55] Vgl. den Aufsatz von R. Pfister, Verkehrsplanung München, eine Betrachtung zum Geburtstagsjahr 1958, in: Der Baumeister, H. 3, 1958, S. 181–187

[56] Günter Steinmüller »Der Münchner Stadtkern (Eine sozialgeographische Studie), in: Beiträge zur Stadtgeographie von München, hrsg. von Prof. Dr. H. Fehn, Landeskundliche Forschungen H. 38, München 1958, S. 7–45, hier insbes. S. 20 ff.

[57] Münchner Merkur vom 14. 1. 1961

[58] So der Artikel »Umstrittene Stadtplanung« in Neue Züricher Zeitung vom 17. 7. 1970

[59] »Der historische Rathausturm« in BDA-Informationen 1970, 2, S. 29.

STADTVERGLEICH

DER HAUPTBAHNHOF Fotos: um 1905/1985

Der Hauptbahnhof wurde nach dem Brand des ersten hölzernen Bahnhofsgebäudes in Höhe der Hackerbrücke am Platz der alten Schießstätte von 1847–1849 neu gebaut. Der Terrakottabau, geplant von Friedrich Bürklein im italienischen Stil, wurde mehrmals erweitert. Hier die 1860/61 über die Anbauten weitergeführte Fassade mit den 1877–1883 errichteten hochgewölbten Einsteighallen.
Seit 1889 beschäftigte man sich mit einer Verlegung des Bahnhofs nach Westen, nachdem, bedingt durch das stetige Wachstum der Stadt, die Bahnanlagen die westlichen Vororte wie eine »chinesische Mauer« voneinander trennten.
Entsprechende Planungen wurden vom Dritten Reich aufgenommen und mit dem Entwurf einer monumentalen Prachtstraße zum neuen Hauptbahnhof (bei Laim) und darüber hinaus bis Pasing verbunden. Durch den 2. Weltkrieg kam das Projekt nicht zur Ausführung. Der langwierige Wiederaufbau der zerstörten Bahnanlagen begann 1945, wobei die geplante Verlegung des Hauptbahnhofes sehr schnell zu den Akten gelegt wurde. Die schwer beschädigten nördlichen und südlichen Kopfbauten wurden bereits kurz nach Kriegsende weggesprengt. Den erhalten gebliebenen Mittelteil der Bürklein-Fassade ersetzte die Bundesbahn erst 1960 durch eine Glas-Beton-Front in der Ausdehnung der alten Fassade.
Ebenfalls 1960 fertiggestellt wurde das als erstes Münchener Wohnhochhaus bezeichnete Hotel Deutscher Kaiser (Entwurf Knapp-Schachleiter), am Beginn der Arnulfstraße gelegen, dessen Vorgängerbau ein Opfer der Bomben geworden war.

DER BAHNHOFPLATZ GEGEN SÜDEN Fotos: um 1905/1984

Mit dem Beginn des Eisenbahnzeitalters wurde die Stadt hauptsächlich vom Westen her erschlossen; der Bahnhof und sein Vorplatz markierten das »Portal« Münchens; von hier aus führten drei Straßen zum Karlsplatz, der die Verbindung zur Altstadt herstellte. Der Bahnhofplatz vermittelte nicht nur den vom und zum Bahnhof fließenden Verkehr, sondern war zugleich die letzte größere Querverbindung zwischen Max- und Ludwigsvorstadt vor den Bahnanlagen.
Mit dem Bau der S-Bahn (ab 1967), d. h. der Verlegung der Ost-West-Verbindung unter die Erde, verlor der Platz seine Verteilerfunktion und dient heute hauptsächlich dem Durchgangsverkehr in Nord-Süd-Richtung. Die Ostbebauung des Bahnhofplatzes hat sich mit dem Telegrafenamt von 1869/71 (Entwurf Dollmann) und dem Kaufhaus Hertie von 1905 (Entwurf Heilmann & Littmann) erhalten. Im Krieg zerstört wurde das Hotel Rheinischer Hof, ein Haus ersten Ranges, an der Ecke Bayer-/Schillerstraße. Dieser Hotelbau mit dem Eckturm schloß die Platzanlage optisch gegen Südosten ab. Heute ist dieses Areal (bei zurückgenommenen Baulinien) mit einem Geschäftshaus überbaut.

SCHÜTZENSTRASSE 1 a
Fotos: um 1890/1983

Das wegen seines ungewöhnlichen Grundrisses im Volksmund »Bügeleisenhaus« bezeichnete Gebäude des Café Imperial war 1881 in bombastischem Neubarock erstellt worden (Entwurf J. Schmädel). Die äußere Funktion des Baues, Blickfang und Beginn einer Straßenteilung zu sein, ist noch heute vorhanden.
Die architektonische Gestaltung wurde jedoch nach dem 2. Weltkrieg durch Werbeflächen abgelöst, die das Gebäude wie eine riesige Litfaßsäule wirken lassen.

Togal
Canon
CAMERAS
Sechsämter
VAW
FUJI FILM
minolta
YASHICA
PINI
Kodak
FOTO BRILLEN
APOTHEKE
HERTI

RESTAURANT
HOTEL STACHUS
HOTEL STACHUS
SCHUH-HAUS
Schuh-Haus
Eugen Dieger

KARLSPLATZ 21 Fotos: um 1905/1983

An der exponierten Ecksituation Karlsplatz/Sonnenstraße läßt sich bereits 1740 die Wirtschaft »Zum Stachusgarten« nachweisen, deren Besitzer Eustachius Föderl zum Urheber der umgangssprachlichen Bezeichnung »Stachus« für Karlsplatz wurde.
1874 entstand hier ein großzügiger, eleganter Hotelbau (Entwurf A. Schmidt), in dem die Firma Horn 1895 ein Textilgeschäft eröffnete.
Das Unternehmen florierte so gut, daß es im Lauf der Jahre das ganze Gebäude vereinnahmte. Der Hotelbetrieb wurde daher 1918 eingestellt. Ein der Zeit und Funktion entsprechender Umbau erfolgte 1925 (Entwurf P. Lange), der u. a. die Erhöhung um ein Stockwerk einschloß.

Nach der Totalzerstörung 1945 errichtete hier in einer Bauzeit von nur 162 Tagen die Kaufhof-AG 1951 ein neues Warenhaus in Stahlskelettbauweise (Entwurf Th. Pabst).

WESTANSICHT DES KARLSPLATZES Fotos: um 1890/1984

Mittelpunkt dieser Ansicht ist das Café Imperial zwischen der Bayer- und der zum Bahnhof-Hauptportal führenden Schützenstraße. An deren Einmündung am Karlsplatz steht das Hotel Königshof. Ursprünglich ein im klassizistischen Stil errichtetes Privathaus, wurde das Gebäude 1867 zum Hotel »Belle-Vue« umgebaut. Nach Plänen von Lorenz Gedon erweiterte man das Hotel 1880–1886, wobei die Fassade mit Fresken nach Entwürfen von Johann Schraudolph geschmückt wurde. Im Krieg zerstört, öffnete das Haus 1950 als modernstes Hotel der Bundesrepublik wieder seine Pforten (Entwurf E. Hürlimann, R. Thönessen). Die 1972 abgeschlossenen Renovierungsarbeiten brachten u. a. die metallverkleidete Fassade (E. Hürlimann), die sich als Werbeträger den umgebenden Kaufhäusern angepaßt hat.

Neuhausen-[33] Stachus
NIVEA Seife & Creme

DER KARLSPLATZ NACH OSTEN Foto: 1913

Das Gelände vor dem Karlstor wurde nach der Niederlegung der dortigen Stadtbefestigung 1791 durch die Errichtung von Rondellbauten (1796–1802) zu einer Platzanlage umgestaltet.
Nach dem Bau des Bahnhofes erhöhte sich die Bedeutung des Karlsplatzes als Foyer der Altstadt beträchtlich. Das sich weit öffnende Rondell (1899–1902 von G. von Seidl umgebaut), die den Platz umgebenden Hotels und die Nähe des Bahnhofes schufen hier einen Knotenpunkt, der zugleich durch die Verbindung Sendlinger-Tor-Platz/Odeonsplatz die wichtigste Verkehrsdrehscheibe Münchens darstellte.
Hervorgehoben blieb aber stets die historische Ost-West-Achse der Stadt, wobei das Rondell nicht nur optisch eine »Trichterfunktion« ausübte.
Durch den Altstadtring, die unterirdische Ost-West-Verkehrsführung (Tiefgeschosse, S-Bahn) und die Einrichtung der Fußgängerzone, veränderte sich der Charakter des Karlsplatzes grundlegend. Das Empfangsmotiv des Rondells hat seinen Sinn weitgehend verloren, die großflächige Springbrunnenanlage von 1972 verstellt heute das alte Entrée. Das Karlstor und seine architektonische Rahmung ist von der übrigen Bebauung des Karlsplatzes durch die Nord-Süd-Durchgangsstraße abgeriegelt.

DER KARLSPLATZ NACH OSTEN Foto: 1983

EDES-BENZ
MERCEDES-BENZ
ZEISS
ZEISS
OSRAM
LEDERWAREN
WIENERWALD

CAFE'
CAFE' KARLSTHOR.
Cafe'
Max Zechbauer

NEUHAUSER STRASSE 34 Fotos: um 1900/1983

1862 wurde das bei einer Pulverexplosion von 1857 stark beschädigte Karlstor von Arnold von Zenetti in neugotischem Stil umgestaltet. Das im Süden anschließende Haus war wie sein gegenüberliegendes Pendant im sog. Maximiliansstil erbaut. Das Café Karlsthor, 1870 eröffnet, bestand hier bis zur Zerstörung im 2. Weltkrieg.
Im 1956 erstellten nüchternen Büro- und Geschäftshaus (Entwurf K. Müller) sind u. a. ein Kino und ein Theater untergebracht. Erwähnenswert sind die 4,50 m breiten Arkaden, die hier – wie auf der Gegenseite – eingebaut wurden, da die seitlichen Tordurchgänge für den starken Passantenstrom nicht ausreichten.

HERMANN TIETZ En detail
Hermann Tietz.
32
Confectionshaus Johann Ammon
Johann Ammon
Conditorei
CAFE

NEUHAUSER STRASSE 32 und 33
Fotos: um 1895/1983

Der Charakter der Neuhauser Straße als einer »Konsumstraße« wird durch die beiden funktionalen Nachkriegsbauten ausgedrückt. Doch schon die in historistischem Stil entstandenen Vorgängerbauten nahmen mit ihren zweigeschossigen Ladenzonen auf diese Situation Bezug. Das Neurenaissance-Eckgebäude von 1889 (Heilmann & Littmann) wurde nach Kriegszerstörung 1953 mit der von der Stadtplanung geforderten »gewichtslosen Fassade« (Pressenotiz 11.8.1953) nach einem Entwurf von Walter Weber neu gebaut. Vom gleichen Architekten wurde 1955 auch das mit »italienischem Glasmosaik« verkleidete Nebengebäude errichtet.

WEIN
OBERPOLLINGER.

BLICK VON DER NEUHAUSER STRASSE AUF DAS KARLSTOR
Fotos: um 1895/1983

Das regotisierte Karlstor war auf beiden Seiten von Gasthäusern im sog. Maximiliansstil flankiert. Links das schon erwähnte Café Karlsthor, rechts das Café Danner mit dem Hotel Deutscher Hof (später Fahrig). Das Hotel, nach dem Krieg in vereinfachter Form mit Zwiebelturm renoviert, wurde 1960 in ein Kaufhaus umgewandelt.

Der diesseits der Herzog-Max-Straße gelegene Komplex »Oberpollinger« war ursprünglich (1584–1842) eine Brauerei mit Gastwirtschaft, dann ein Hotel, das sich über fünf Häuser ausbreitete. Berühmt war das dortige Singspieltheater mit seinem Leiter Papa Geis.

Die gesamte Anlage wurde 1905 durch einen Kaufhausneubau ersetzt (Heilmann & Littmann), der sich durch seine klare Gliederung gut in das Altstadtbild einfügt.
Waren ursprünglich Gastwirtschaften, Hotels und Kaufhäuser auf die vom Verkehr durchpulste Hauptader Münchens bezogen, so hat sich heute die Beziehung umgekehrt. Die neue Platzanlage in Straßenform scheint der Kommerz- und Konsumsituation wegen geschaffen zu sein. Ihre »Möblierung« mit Werbe-Vitrinen, Tischen, Stühlen, Sonnenschirmen, Lampen, Fahnenstangen, Blumenkästen, Abfalltonnen, Zeitungsständen usw. ist nur der konsequente Ausdruck dieses Bedeutungswandels.

NEUHAUSER STRASSE 23 und 24
Fotos: um 1895/1983

Typisch für die Altmünchener Straßensituation war bei Traufenhäusern das Aneinanderstoßen seitlicher Halbgiebel. Von den beiden Gebäuden hat sich das rechte bis heute erhalten, nunmehr allerdings eingeklemmt zwischen ein Jugendstilhaus um 1905 (links) und einen sachlichen Bau der fünfziger Jahre. Seine Fassade ist inzwischen »bereinigt«. Die Nutzung als Geschäfts- und Bürohaus hat sich seit der Jahrhundertwende nicht geändert.

CHRIST
UHREN SCHMUCK
TRACHTEN
KOSMETIK
INSTITUT
MODEFRISEUR
Modefriseur
KINDER-
MODEN
Modefriseur
Juwelier
BLUMENFELD
HAUSEINGANG
24
ZUGSPITZ
MODEN
TRETTER

NEUHAUSER STRASSE 4 Fotos: um 1895/1983

Nur noch eine Leuchtschrift erinnert an die frühere Bedeutung des Anwesens Neuhauser Straße Nr. 4. Von hier aus, wo seit dem Mittelalter kontinuierlich Braustätten nachweisbar sind, führte seit 1807 Gabriel Sedlmayr die Spatenbrauerei zu Weltruhm. Hier wie an vielen Gebäuden der Südseite der Neuhauser-/Kaufingerstraße befinden sich die aus Gründen der Straßenverbreiterung in den fünfziger Jahren eingebauten Arkaden.

SCHWÄBISCH HALL
SPATENBRÄU SEIT 1397
EATER
lacher
WMF
Deu

BLICK VOM KARLSTOR NACH OSTEN Fotos: um 1907/1983

Die Achse Tal-Marienplatz-Kaufingerstraße-Neuhauser Straße war vordem nicht allein innerstädtische Durchgangsstraße im verkehrstechnischen Sinn; sie war darüber hinaus im Mittelalter die bedeutendste süddeutsche Salzstraße, deren »Durchzug« München Existenz und Wohlstand verdankt. Die jetzt durch mittig gepflanzte Baumgruppen und andere Einschübe verursachte Auflösung des Straßencharakters im Bereich der vorderen Neuhauser Straße negiert die Funktion und Bedeutung der Münchener »Lebensader«.

ALTE AKADEMIE AN DER NEUHAUSER STRASSE
Fotos: um 1900/1983

Für die im Zuge der Gegenreformation von Herzog Albrecht V. 1559 nach München geholten Jesuiten ließ Herzog Wilhelm V. von 1585–1590 das Jesuitenkolleg erbauen. Der Entwurf für die Anlage stammt vermutlich von Friedrich Sustris, beteiligt waren Wolf Miller und Wendel Dietrich.
Nach der Aufhebung des Jesuitenordens 1783 erfüllte der Bau verschiedene Funktionen: Sitz der Akademie der Wissenschaften (1783–1945), Hofbibliothek und Archiv (1774–1843), Maler- und Bildhauerschule (1784–1885), Universität (1826–1840). Außerdem waren hier bis zum 2. Weltkrieg die naturwissenschaftlichen Staatssammlungen (Paläontologie, Zoologie, Mineralogie,

Geologie und Anthropologie) untergebracht.
Beim Wiederaufbau nach der Zerstörung im 2. Weltkrieg wurden 1954 nur beim Ostflügel und dem Kopfbau die historischen Fassaden rekonstruiert, wobei die seit jeher den Giebel des Kopfbaues flankierenden Laternen durch Obelisken ersetzt wurden. Dieser Teil ist heute Sitz von Landesbehörden.
Den Westflügel führte man nach Plänen von Josef Wiedemann unter Wahrung der alten Baulinien, jedoch mit Erdgeschoßarkaden als Kaufhausbau neu auf.
Die städtebaulich wichtige Freifläche vor der Alten Akademie wird im Sommer durch Palmen und Stühle um den Richard-Strauß-Brunnen (1961/62, Entwurf H. Wimmer) zur südländischen Piazza.

ST. MICHAEL
Fotos: um 1895/1983

St. Michael wurde als Jesuitenkirche unter Wilhelm V. in zwei Bauabschnitten von 1583–1597 errichtet. Der Entwurf ist vermutlich wie bei der Alten Akademie auf Friedrich Sustris zurückzuführen, die Ausführung der Arbeiten übernahmen Wolf Miller und Wendel Dietrich.
Die Fassade, deren programmatischer Figurenschmuck mit Wittelsbacher »Ahnen«, dem Salvator mundi und dem Erzengel Michael (Hubert Gerhardt) die Glorifizierung der in Bayern regierenden Dynastie und den Triumph der Gegenreformation darstellt, richtet sich auf den Verlauf der Baulinie an der Neuhauser Straße aus. So wurde aus städtebaulichen Gründen auf eine Ostung des Chores verzichtet.
Die 1697 erfolgte Erweiterung des Fensters im 2. Fassadengeschoß zu einer runden Öffnung wurde beim Wiederaufbau der im 2. Weltkrieg ausgebrannten Kirche (Abschluß der Arbeiten 1953) rückgängig gemacht.
Zum 400jährigen Jubiläum der Kirche 1983 konnte eine umfassende Innenrestaurierung abgeschlossen werden.

REINHOLD
Herzog & Meyer

AUGUSTINERKIRCHE MIT AUGUSTINERSTRASSE
Fotos: um 1900/1983

Die 1291–1294 erbaute, 1448/49 gotisch eingewölbte Bettelordenskirche außerhalb der »Heinrichstadt« wurde 1618–1621 im Barockstil verändert. 1802 säkularisiert, erfuhr sie 1804 die Degradierung zu einer Mauthalle. Das ihr angeschlossene Augustinerkloster auf dem Areal Augustinerstraße/Löwengrube und Ettstraße wurde 1911 abgerissen und 1911–1913 durch den Neubau eines Polizeigebäudes ersetzt (Entwurf Th. Fischer). Im Zuge dieser Bauarbeiten erhielt die Augustinerkirche eine andere Nutzung: das südliche Seitenschiff wurde für Ladeneinbauten geöffnet, darüber eine Terrasse mit Steinbalustrade aufgesetzt. Die an der Südseite des Chores angebaute Sakristei wurde entfernt, und das Kirchenschiff als »Weißer Saal« in das Gebäude der Polizeidirektion integriert (Entwurf Th. Fischer). Nach Kriegsbeschädigung erfolgte 1962–1964 die Umgestaltung der ehemaligen Kirche zum Deutschen Jagd- und Fischereimuseum (Entwurf E. Schleich). Die Augustinerstraße erfuhr durch die zurückgesetzte, im Halbrund verlaufende Baulinie des Polizeigebäudes eine erhebliche Verbreiterung an der Westseite. Sie wurde 1915 durch eine neue, ebenfalls zurückgenommene Bebauung der Ostseite (Entwurf E. Hönig und Söldner) noch verstärkt.

ALTHEIMER ECK 5 und 7 Fotos: um 1900/1983

Das Altheimer Eck ist einer der ältesten Straßenzüge Münchens.
Das Anwesen Nr. 5, im Neurenaissancestil erbaut von M. Ostenrieder (1899), überstand den 2. Weltkrieg, wurde jedoch durch die Entfernung der Fassadenmalerei und der Rahmenprofile der Fenster seines Charakters weitgehend beraubt. Eine radikal durchgeführte Fassadenbereinigung zeigt sich auch am rechts anschließenden Haus Nr. 7.

MAX WAGE

FÜRSTENFELDER STRASSE
Fotos: um 1895/1984

Die Fürstenfelder Straße, parallel zur Kaufingerstraße verlaufend, fungierte um die Jahrhundertwende als reine Wohnstraße, war jedoch durch zwei Passagen mit der nahen »Geschäftswelt« verbunden. Ihre gesamte Bausubstanz wurde im 2. Weltkrieg zerstört. Der teilweise Wiederaufbau war ganz auf die Bedürfnisse der Kaufingerstraße ausgerichtet. Behelfsbauten, Tiefgarageneinfahrten, Rückansichten von Kaufhäusern und ein Parkhaus prägen den Charakter der heutigen Fürstenfelder Straße – eines »Hinterhofes« der Konsumtempel an der Kaufingerstraße.

C&A
DER NEUE IST DA!

BRUNNSTRASSE 7, 9, 11
Fotos: um 1900/1984

Das Haus Nr. 9 stellt eines der wenigen erhaltenen Beispiele eines Altmünchener Bürgerhauses dar. Die flankierenden, historistischen Häuser, Nr. 7 (erbaut 1898) und Nr. 9 (erbaut 1870), erlitten die übliche nachkriegsbedingte Fassadenbereinigung. Im Gegensatz hierzu versuchte man das mittlere Gebäude durch zusätzliche Bemalung aufzuwerten. Besonders ungünstig wirkt sich der Verlust des Dachraumes mit seinen Gauben aus.

CAFE
BAR
Die INSEL-Bar
BÄCKEREI
werktags
Mo-Fr

HACKENSTRASSE 10
Fotos: um 1900/1984

In der Reihe der Eigentümer des 1980/81 renovierten Hauses »Zur Hundskugel«, Hakkenstraße Nr. 10, finden sich die prominenten Namen der Hofbildhauer Johann Baptist Straub (1704–1784) und Roman Boos (1730–1810). Das Anwesen ist weitgehend in seiner ursprünglichen Form erhalten (erbaut 1741), mitsamt dem Relief über der Tür, das mit dem Namen des Hauses korrespondiert. Es stellt sechs mit einer Kugel spielende Hunde dar.
Am rechten Bildrand das Radspieler-Haus, ehemals das Palais Rechberg. Seine heutige Gestalt besitzt es seit einem Umbau von 1873. Der Gebäudekomplex birgt einen der früher im Altstadtbereich typischen Hausgärten.

TEPPICH

Institut Renaissance Schönheits Kultur Frau Winter
Kopfwäsche
Haarfärben
Schönheitspflege
Manicure
GEBRÜDER MECKEL
SPECIAL-GESCHÄFT FÜR Registratur u. Kontor-Bedarf
Gebrüder Meckel
Original Underwood Schreibmaschine
Gebrüder Meckel Registratur-Schränke
Geschäfts-Bücher KONTOR-MÖBEL
Gebrüder Meckel
Generalvertrieb der „Fortschritt"
Detectiv-Tierbächer
LADIES TAYLOR FRANZ TRAXLER AUS WIEN
Herzog & Meyer Bankgeschäft
SCHWEIZER UHRMACHEREI
Schirme : Stöcke
Meerschaum : Bernstein
WÄSCHE-HAUS
CONDITO CARL

KAUFINGERSTRASSE 22, früher 19 und 20 Fotos: um 1905/1983

Das zuletzt Ende des 18. Jahrhunderts gestaltete Wohn- und Geschäftshaus Ecke Kaufinger-/Augustinerstraße wurde unter Einbeziehung der zwei nach Osten anschließenden Gebäude 1912–1914 durch den historisierenden Neubau des Kaufhauses Bamberger und Hertz, heute Hirmer (Entwurf Hönig & Söldner), ersetzt.
Auf dieser Höhe der Kaufingerstraße befand sich ursprünglich der Schöne Turm, die westliche Begrenzung der sog. Heinrichsstadt (abgetragen 1807). An den Turm erinnern eine Plastik an der Südwestecke des Gebäudes sowie sein ins Pflaster der Fußgängerzone eingelegter Grundriß.

Teppiche
Gardinen
Portieren
J. REISSMANN
MAGAZIN VON REISE-ARTIKELN.
Magazin d'articles de voyage
KARL
Bullinger
Herren-
Garderobe
MASS
CHR. KOTZ

KAUFINGERSTRASSE 11 und 13 Fotos: 1905/1983

Die mit ihren Fassaden dem 19. Jahrhundert zuzuordnenden Häuser der Aufnahme von 1905 haben in ihren Nachfolgebauten ein ungewöhnliches Schicksal erfahren. Das linke Haus im Stil des Neurokoko wurde 1908 von Heilmann & Littmann durch einen repräsentativen Neubau mit geschweiftem Giebel für die Bergbrauerei ersetzt, während der anstoßende rechte Bau bis zur Kriegszerstörung unverändert blieb. Seine Ruinenfläche wurde 1952 mit dem C&A-Gebäude (Entwurf E. A. Gärtner) überbaut. Das links angeschlossene Gebäude der Bergbrauerei (später sog. Singerhaus), das im Krieg nur beschädigt worden war und dabei seinen Giebel verloren hatte, war nun interessanterweise 1980 der »Ausgangspunkt« für eine Baumaßnahme, derzufolge vier Fassadenachsen des C&A-Gebäudes von 1952 aufgebrochen und, angepaßt an den Stil des sog. Singerhauses, diesem zugeschlagen wurden. Auch dessen Giebel wurde – wenngleich in veränderter Form – wieder errichtet. Somit gibt heute das »überarbeitete« und vergrößerte sog. Singerhaus ein Beispiel für die bereits praktizierte Umwandlung von Nachkriegsarchitektur durch historisierende Erweiterungsbauten.

RESIDENZ-CAFE
BRÄU
CAFE
Billard-Saal
WIENER CAFÉ
Institut für Schönheitspflege
Soennecken & Co
HULLA
MODE
LODEN
MÖBEL
WAREN
Credithaus
30

KAUFINGERSTRASSE 28 – 37 Fotos: um 1910/1983

Das (am linken Bildrand angeschnittene) historistische Eckgebäude zur Mazaristraße wurde nach Kriegszerstörung von einem Neubau mit schlichter Putzfassade abgelöst; die an das Eckhaus anschließenden beiden Wohn- und Geschäftshäuser sind seit 1913 durch einen neubarocken Bau (Entwurf K. Stöhr) für die seit 1803 hier ansässige Buchhandlung Lindauer ersetzt. Aus der unmittelbar daran anschließenden Bebauung hat sich lediglich das übernächste Haus mit interessanter Jugendstilfassade von 1904 (Entwurf G. Lersch und P. Hirsch) ohne Eingriffe oder Veränderung erhalten können. Trotz des allgemeinen Wandels ist der Gesamteindruck dieser Straßenfront über einen Zeitraum von 80 Jahren hinweg weitgehend identisch geblieben.

BLICK VON DER THIERECKSTRASSE ZUR ALTEN AKADEMIE
Fotos: um 1905/1983

Nach wie vor bestimmt Reklame das Erscheinungsbild der Kaufingerstraße. Reduziert sind inzwischen die kleinflächigen, in Blickhöhe angebrachten sog. Nasenschilder, die dem Passantenstrom auf den Bürgersteigen zugewendet waren; an ihre Stelle ist inzwischen die mehr auf Fernwirkung angelegte großflächige Fassadenreklame getreten, deren Information auch an anderen Standpunkten in der Fußgängerzone wahrgenommen wird.

LER
BOUTIQUE
FASHION IN
BÜCHER
Thiereckstr.
der modische arendt
COCKTAIL-
ABENDMODE
GROSSE
AUSSTELLUNG
IM
INNENHOF

KAUFINGERSTRASSE 7
Fotos: 1898/1983

Das sog. Todt-Haus mit der aus dem 17. Jahrhundert stammenden Bemalung wurde 1898 abgebrochen. An die Stelle des Nachfolgebaus trat nach der Kriegszerstörung in den fünfziger Jahren ein Gebäude, dessen flach durchfensterte Fassade inzwischen erneut durch Bemalung »geschmückt« wurde.

HAAR KNOPF PERÜCKEN
DAK
LINDBERG
BAYERISCH
Gymnastik Studio
Gymnastik Studio
G. BAiER LEDERWAREN
SOMMER SCHLUSS VERKAUF
SCHREYER PASSAGE
LÖWEN-BRÄU
KAUFHOF
weiss

KAUFINGERSTRASSE 37
Fotos: um 1905/1983

Das 1769–1771 von François Cuvilliés d. J. erbaute Gebäude diente bis 1868 als »Hauptwache« (zentrale militärische Stadtwache, die sich aus der Marktpolizei entwickelt hatte). Im Volksmund als »Greifeneck« bezeichnet, wurde das Eckhaus 1870 aufgestockt, wobei die Fassade unter Einbeziehung der Cuvilliésschen Stuckelemente eine Sgraffitogestaltung erhielt (Entwurf E. Lange und A. Spiess). Nach der Kriegsbeschädigung (beide obere Stockwerke ausgebrannt), welche die Fassade weitgehend verschonte, wurden 1950 Sgraffiti und Rustizierungen entfernt.
Die bereits vor dem Krieg geplanten Arkaden wurden 1951–1952 bis zur Weinstraße eingebaut.

LOTTERIE AUBELE TOTO
HOFJUWELIER CARL THOMASS
THOMASS

HAGE & POELT Gegründet 1769
HAGE & POELT
HAGE & POELT
ROMAN

KAUFINGER-/ECKE
ROSENSTRASSE
Fotos: um 1900, 1983

ROMAN
MAYR

KAUFINGER-/ECKE ROSENSTRASSE Fotos: um 1915, 1983

Die Südwestecke des Marienplatzes ist seit der Mitte des 19. Jahrhunderts ein »klassischer« Standplatz für Kaufhäuser. Das Gebäude der Bekleidungsfirma Hage & Poelt (hier seit 1855) mußte 1912 einem Neubau der Fa. Roman Mayr weichen. Diese Firma war seit 1887 im Nebenhaus Kaufingerstraße Nr. 2 untergebracht; ihr Neubau im Zopfstil (Heilmann & Littmann) wurde auf dem Areal der abgerissenen Häuser Nr. 1, 2, 3 an der Kaufingerstraße und der Nr. 12 und 13 an der Rosenstraße errichtet.
An die Stelle dieses Geschäftshauses trat 1969–1972 eine »Warenfestung«. Der mit hellgrauen Granitplatten verkleidete Stahlbetonbau wurde nach Plänen von Josef Wiedemann geschaffen und ist hinsichtlich seiner Zuordnung zum Ambiente des Marienplatzes bis heute umstritten.

MARIENPLATZ GEGEN WESTEN Foto: 1865

CARL THOMASS.
A.1323.

MARIENPLATZ GEGEN WESTEN Fotos: 1895, 1983

Der bereits unmittelbar nach dem »Talburgtor« der Heinrichstadt, dem späteren Turm des Alten Rathauses, sich öffnende große Platz war seit den Anfängen der Stadt deren wirtschaftliches Zentrum und Mittelpunkt des öffentlichen Lebens. Bis 1853 (Inbetriebnahme der Schrannenhalle an der Blumenstraße) kamen die Getreidebauern der Umgebung einmal wöchentlich hierher zur Schranne. Ihre Kornsäcke füllten das ganze Areal aus, während Pferde und Wagen vor den zahlreichen Wirtshäusern im Tal und in den Nachbarstraßen abgestellt waren.
Obwohl schon seit 1638 die »Patrona Bavariae«, hoch auf der Säule, den Münchener Hauptplatz zierte, bekam dieser erst 1854 den Namen »Marienplatz«, da man das Ende einer Choleraepidemie der Fürbitte der Gottesmutter zuschrieb. Die 1857 um die Mariensäule herum angelegten Grünflächen wurden 1888 bei der Einrichtung der Pferdebahnlinie über den Marienplatz entfernt.
Das auf 1865 datierte Bild zeigt die Häuser der Nordseite des Platzes (rechts) noch mit den »Lichten Bögen« im Erdgeschoß, die wenig später durch Ladeneinbauten geschlossen wurden. Mit der Aufstockung der beiden Gebäude an der Westseite in den Jahren 1865–1870 gingen die steilen Ziegeldächer als optische Überleitung zu den Frauentürmen verloren und die nun sechsstöckigen Häuser stören die Ausgewogenheit zwischen Platzareal und baulicher Rahmung. Verstärkt wird dieser Effekt noch durch die wuchtige, hoch aufragende Fassade und den Turm des westlichen Ergänzungsbaus des neugotischen Rathauses (1899–1908, Entwurf G. Hauberrisser). Seit der Einrichtung der Fußgängerzone vermitteln auch hier Sitzgelegenheiten, futuristische Stehlampen und Beton-Blumentröge eine »Wohnlichkeit«, die über die traditionelle Funktion des Platzes hinausführt.

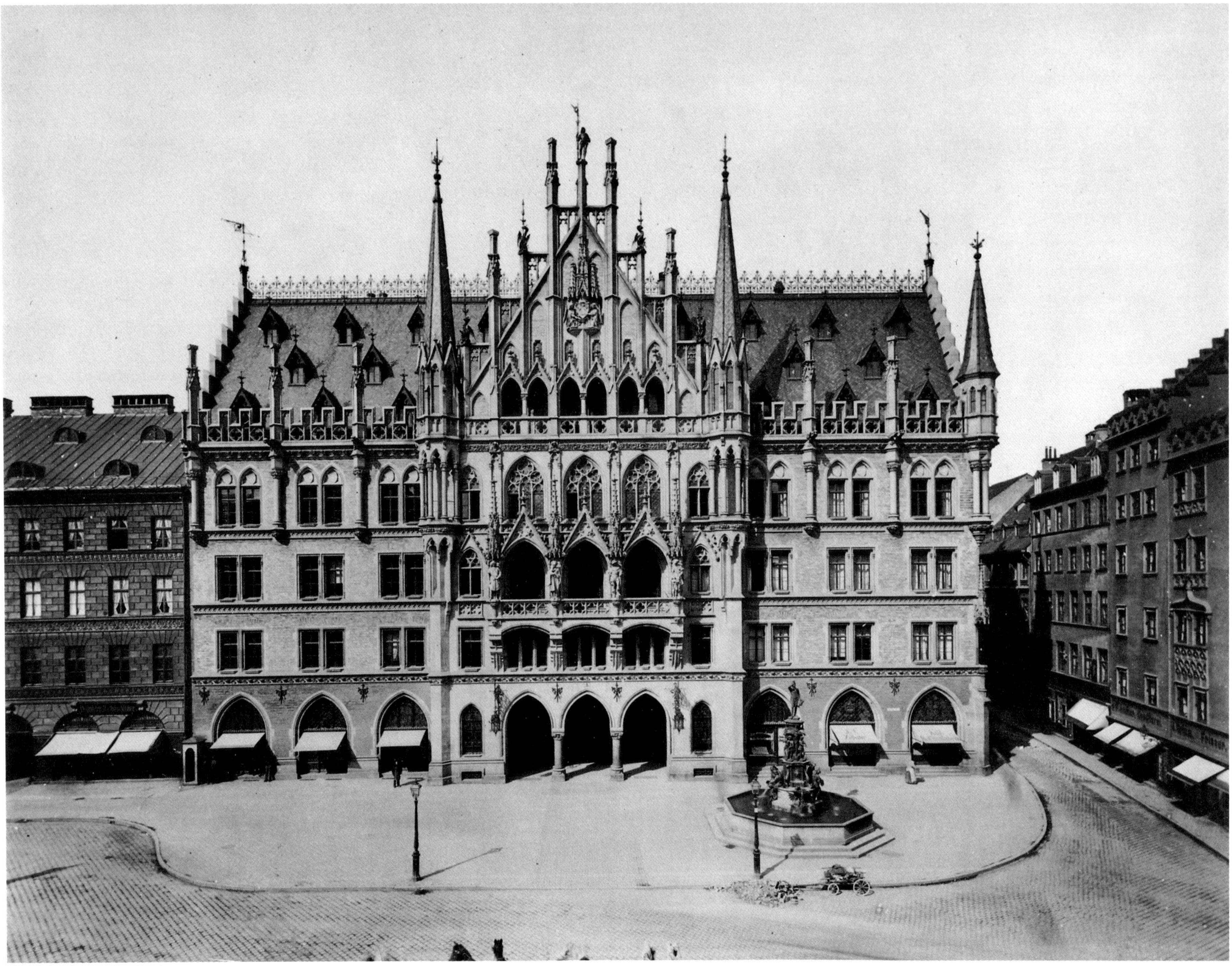

DAS NEUE RATHAUS Fotos: um 1880, 1983

Ehedem befanden sich hier die Gebäude des Ständehauses und der bürgerlichen Weintrinkstube, die beide 1808–1864 die Regierung von Oberbayern beherbergten. Nach deren Umzug in einen eigenen Neubau an der Maximilianstraße (fertiggestellt 1864) erwarb der Magistrat der Stadt München 1865 die Anwesen, um hier den Bau des Neuen Münchner Rathauses (Entwurf G. Hauberrisser) ausführen zu lassen. Das neugotische Gebäude mit einem durch Figuren der vier bürgerlichen Tugenden geschmückten Mittelrisalit wurde 1874 fertiggestellt. Nach einem Erweiterungsbau an der Diener- und Landschaftsstraße 1888–1893 wurde 1899–1908 dem Rathaus im Westen ein zweiter Erweiterungsbau angefügt. Um dem Gebäudekomplex, der nun die gesamte Nordseite des Platzes einnahm, ein homogenes Gesicht zu verleihen, wurden die Erdgeschoßarkaden der Neubaufassade auch am ersten Bauteil weitergeführt. Zudem wurde die gesamte, nun 100 m lange Platzfassade durch figürliche und ornamentale Bauplastik reich ausgestattet.
Die Verdoppelung der Einwohnerzahl Münchens im Zeitraum von 1850–1875 und der dadurch enorm gewachsene Verwaltungsapparat schufen die Notwendigkeit einer zentralen Schaltstelle der Stadtverwaltung. Der Riesenbau des Rathauses, um sechs Innenhöfe angelegt, stellte das erste Großprojekt der Stadt München nach Bildung der Stadtbaukommission 1867 dar.
Die Dimensionen des Gebäudes künden vom gefestigten städtischen Selbstbewußtsein, das nicht ohne Grund eine Anlehnung an die Gotik flandrischer Rats- und Bürgerhäuser als adäquates Stilmittel bürgerlicher Repräsentation empfand.

Als bezeichnend für dieses Selbstbewußtsein mag auch die Entscheidung gelten, das Rathaus an Stelle des ehemaligen Sitzes der Regierung von Oberbayern zu errichten, womit sich die Bürgerschaft den einzigen bürgerlichen Platz Münchens gewissermaßen zurückeroberte. Das bürgerliche Repräsentationsstreben, das den 1908 abgeschlossenen Gesamtbau mit Turm unverhältnismäßig über die Dimensionen der den Platz flankierenden übrigen Bebauung wachsen ließ, relativierte sich allerdings durch den zusätzlichen, der Wittelsbacher Dynastie huldigenden Figurenschmuck. Damit wurde die traditionelle Problematik Bürgerstadt/Residenzstadt wieder aufgegriffen und die historische Abhängigkeit Münchens von der ortsansässigen Landesherrschaft erneut betont. Diese Ambivalenz spiegelt sich zusätzlich im Glockenspiel von 1908, das neben dem Reigentanz der bürgerlichen Schäfflerzunft das höfische Turnier anläßlich der Hochzeit Wilhelm V. mit Renata von Lothringen 1568 zur Darstellung bringt.

Die gegenwärtige »Bepflanzung« der Fassade mit Blumen bringt einen bunten Akzent in das steinerne Szenarium. Ob allerdings die Geranie eine passende Ergänzung zum Filigran vom Wimperg und Kreuzblume darstellt, ist Ansichtssache.

Der 1866 statt eines klassizistischen Brunnens errichtete neue Fischbrunnen (Entwurf K. Knoll) griff in seinem Bildprogramm das bürgerliche Brauchtum des Metzgersprungs auf. Er wurde 1944 weitgehend zerstört. Von den erhaltenen Figuren wurden drei Metzgergesellen in den von Josef Henselmann neugestalteten Brunnen (1954) integriert, drei Musikanten fanden ihren neuen Standort am Karlstor.

J. Springer

BLICK VOM MARIENPLATZ NACH OSTEN AUF DAS ALTE RATHAUS MIT TURM Fotos: um 1895/1983

Die historische Aufnahme macht deutlich, daß die schmale Platzanlage unmittelbar vor dem Alten Rathaus (erbaut 1470–1474, neugotisiert 1861–1864 von A. Zenetti) ursprünglich einen Sonderbereich (ehemals Kräutlmarkt) des gesamten Marienplatz-Areals darstellte. Ein derartiger »Flaschenhals« schloß sich übrigens auch an die Ostseite des Alten Rathauses an, bevor sich die Situation zum eigentlichen Tal hin wieder aufweitete. Die Durchfahrt zwischen diesen Bereichen war ursprünglich allein durch den Bogen unter dem Rathausturm vermittelt worden; erst 1877 wurden unter dem Tanzsaal des Alten Rathauses zwei zusätzliche Durchlässe (getrennt für Wagen und Fußgänger) eingebaut, die 1934 zusammengefaßt und um einen weiteren großen Bogen vermehrt wurden.

Nach den Kriegszerstörungen wurde zunächst die südliche Baulinie an der dem Alten Rathaus vorgelagerten Platzanlage zurückgenommen (5–7 m), später auch die gegenüberliegende nördliche Baulinie beim Kaufhaus Beck (4,5 m), der enge östliche Sonderbereich des Marienplatzes also mehr oder weniger aufgegeben.

Da der Rathausturm nach Kriegszerstörung seit 1944 im Ensemble des Platzes fehlte, wurde an seiner Stelle nach der Baulinienzurücknahme die Heilig-Geist-Kirche zum architektonischen Platzabschluß nach Osten.

Diese neue Funktion von Heilig-Geist änderte sich nur geringfügig, als 1972–1974 der Alte Rathausturm in fiktiv-gotischer Form wieder errichtet wurde, aufgrund der neugeschaffenen Bausituation im Süden des Marienplatzes aber ohne seitlichen Anschluß Richtung Petersbergl (hier war bis 1944 das Kleine Rathaus mit Standesamt) bleiben mußte. Den eleganten Ausdruck seines neugotischen Vorgängers kann der wiedererstandene Alte Rathausturm (Entwurf E. Schleich) nicht erreichen.

Kaufhaus zum Merkur

SÜDSEITE DES MARIENPLATZES Fotos: 1890/1984

Während die Aufnahme von 1890 noch eine sowohl in der Fassadengestaltung als auch hinsichtlich der Bauhöhe und den Dachformen bunt bewegte Architekturabwicklung zeigt, wird das Bild von 1984 von der bedrückenden Eintönigkeit der modernen Baukörper geprägt. Sie ist bedingt durch die aus Verkehrsrücksichten in der Nachkriegszeit hier durchgesetzte Baulinienrücknahme (6–9,5 m), welche zur Folge hatte, daß den Grundstückseigentümern als Entschädigung eine beträchtliche Zunahme der Bauhöhe konzidiert werden mußte. Die Fassadenbemalung am Gebäude ganz links, kann die Monotonie der sich anschließenden »Allerweltsgeschäftshäuser« nicht ausgleichen.

BLICK VOM MARIEN-PLATZ ZUM RINDER-MARKT
Fotos: 1895/1983

Die seit dem Mittelalter schmale Durchfahrt vom Marienplatz zum Rindermarkt erfuhr 1897/1911 eine Erweiterung durch Abbruch und Neubau der flankierenden Häuser. Bei dieser Gelegenheit verschwand die alte Straßenbezeichnung »Schleckergassl« und die Durchfahrt wurde dem Rindermarkt angeschlossen. Eine nochmalige Aufweitung erfuhr die Situation 1956 beim Abbruch des historistischen westlichen Eckbaues, der als einziges Gebäude zwischen Rindermarkt und Rosenstraße die Kriegszerstörung überlebt hatte. Das verbliebene östliche Eckhaus in barockisierenden Formen (Entwurf G. Meister und O. Bieber) stammt von 1911.

CHE BANK
SWISSAIR
Büc
Bücher

MARIENPLATZ GEGEN SÜDOSTEN

Fotos: 1897/1983

Die Südostecke des Marienplatzes war beherrscht vom neugotischen Turm des Alten Rathauses, an den sich eine in den Platz halbkreisförmig einspringende Häuserfront anschloß.
Die Aufnahme von 1897 zeigt im Anschluß an den Rathausturm von links nach rechts die historistischen Fassaden der 1890–1892 aufgeführten Neubauten von Stadtarchiv (Entwurf H. Grässel) und Onuphriushaus (Entwurf G. von Seidl) und schließlich den wuchtigen Baukörper des mit Mittel- und Seitengiebel ausgestatteten gotischen »Cröndl-Hauses« (ein Neubau erfolgte 1898 durch Max Ostenrieder). Im Erdgeschoß des Cröndl-Hauses sind noch die »Finsteren Bögen« zu sehen, welche einen gegenüber dem Platzareal um mehrere Stufen erhöhten Laubengang bildeten.
Die Baulinienrücknahme der Nachkriegszeit schuf an dieser Südostecke eine breite Durchgangsstraße. Der wiedererrichtete Alte Rathausturm korrigiert diese überdimensionale Platzöffnung nur teilweise.

Rischart's Backhaus
WKV-BANK
100 Jahre Rischart
100 Jahre Rischart
Café
Rischart's Backhaus

NORDOSTSEITE DES MARIENPLATZES

Fotos: 1907/1983

An der Nordostecke des Marienplatzes, dem historischen Kräutl- und Eiermarkt, befanden sich bis zur Kriegszerstörung vier Einzelgebäude, von denen eines das seit 1859 bestehende Café Perzel beherbergte.
Das 1875/76 um ein Stockwerk erhöhte und mit aufwendigen Neurokokostukkierungen versehene Café hat im Neubau der Firma Beck von 1954 (Entwurf G. Henneberger), der auch die drei benachbarten Häuser einschloß, einen ruhigen und mit der Fassade des Alten Rathauses gut harmonierenden Nachfolger gefunden. Allerdings wurde auch hier die Baulinie um 4,5 m zurückverlegt. Die in der Erdgeschoßzone angelegten Arkaden erinnern an die »Lichten Bögen«, die sich bis 1873 auch über diesen Teil des Marienplatzes erstreckten.

Marienplatz
ERBAUT 1470
VON JÖRG
GANGHOFER

BLICK VOM TAL ZUM ALTEN RATHAUS Fotos: 1875/1983

An die Ostfront des Alten Rathauses schloß sich – jenseits des bis 1907 offenen Pfisterbaches (dann Sparkassenstraße) – ursprünglich das sog. Stadtoberrichterhaus an, das unter dem Namen »Administrationsgebäude« seit 1840 verschiedene bauliche Erweiterungen im Tal und an der Ledererstraße erfuhr. In diesem Komplex befand sich von 1848 bis 1874 der Sitzungssaal der Gemeindebevollmächtigten.

Das zwischen 1898 und 1906 in mehreren Phasen abgebrochene »Administrationsgebäude« wurde durch einen von Hans Grässel entworfenen einfühlsamen Neubau des städtischen Sparkassengebäudes (Ledererstraße) und des Stadtbauamtsgebäudes (Tal) ersetzt und der erneuerte Komplex durch einen gemauerten Übergang über die neugeschaffene Sparkassenstraße mit dem Alten Rathaus in Verbindung gesetzt. Die an das Stadtbauamtsgebäude anschließenden Häuser Tal Nr. 3–8 wurden noch vor Beginn des 2. Weltkrieges für einen Erweiterungsbau der Stadtsparkasse abgerissen. Kriegsbedingt kam dieser jedoch erst 1954–1957 zur Ausführung.
Durch die 1908 bei der Errichtung des Stadtbauamtsgebäudes erfolgte Rücknahme der Baulinie und das Zurückweichen des Sparkassenneubaus von 1954 um 5 m wurde das Tal gegenüber der Heilig-Geist-Kirche verbreitert und auch die hier typische »Flaschenhalssituation« (vgl. Ostseite des Marienplatzes) beseitigt. Zusätzlich wurden sowohl in das Stadtbauamtsgebäude als auch in das Sparkassengebäude Arkaden eingebaut.

Joseph Gautsch kgl. b. Hof
C. R. Greis

TAL GEGEN WESTEN Fotos: 1885/1983

Das Foto von 1885 macht den im Altmünchener Straßenbild so reizvollen Wechsel von Aufweitung und Verengung des Straßenraumes am Beispiel des westlichen Tals besonders deutlich. Die im Süden des Rathausturmes (gegen die Peterskirche) anschließende Bausubstanz war das seit 1876 als Standesamt genutzte und 1880/81 im neugotischen Stil umgestaltete ehem. »Stadtwaaggebäude«. An die Heilig-Geist-Kirche schloß sich bis 1885 unmittelbar der mächtige gotische Giebelbau des »Weiberspitals« an (von 1823–1853 als Schrannen-, dann als Waaghalle, von 1870–1885 als Fleischbank genutzt); nach seiner Entfernung wurde die Kirche um drei Joche nach Westen erweitert und ihr eine neubarocke Fassade vorgeblendet.

Auf dem Bild von 1983 findet die lange Front der Heilig-Geist-Kirche ihre optische Fortsetzung in der schon zum Marienplatz gehörenden Bausubstanz eines modernen Geschäftshauses. Der neuerbaute Rathausturm, einst östliches Stadttor der sog. Heinrichsstadt, vermittelt nicht mehr die entwicklungsgeschichtlich voneinander abgesetzten Räume, er flankiert heute vielmehr eine Durchgangssituation.

Zahn-
Atelier
Zahn-
Atelier
Reinigungs-A
Reinigungs-A
Weißes Bräuhaus
Weisses Bräuhaus
G. Schneider & Sohn
Weisses Bräuhaus
G. Schneider & Sohn

TAL AN DER MADERBRÄUSTRASSE Fotos: 1910/1983

Die sich einst entsprechenden Gebäude jenseits und diesseits der Maderbräustraße von 1902/03 (nach Entwürfen von Heilmann & Littmann) haben gegenwärtig jegliche Rücksichtnahme aufeinander abgelegt.
Dem linksgelegenen neubarocken »Meteck« (Abbruch 1939) folgte 1954–1957 der Neubau der Stadtsparkasse (Entwurf W. Eichberg), der sich als Kubus mit Streifenputz darstellt. Das gegenüberliegende neubarocke Gebäude des »Weißen Bräuhauses« mußte nach kriegsbedingtem Giebelverlust und der üblichen Entfernung der Ornamente mit farbiger Dekoration vorliebnehmen.
Interessanterweise nähert sich der Stadtsparkassen-Neubau wieder stark dem bis 1902 an dieser Stelle befindlichen Gebäude an, wie der vorhergehenden Bildfolge zu entnehmen ist.

Seifen u. Lichter Fabrik.
Lederlager & Tapezierartikel.
J. Lohr. 67 J. Lissauer.
Franz Schnell.
Lederlager J. Lissauer.
68.

TAL AN DER EINMÜNDUNG DES RADLSTEGS Fotos: 1895/1983

Durch die Demolierung des im Kern wahrscheinlich noch spätgotischen Anwesens Tal Nr. 68 (hier mit Fassadenaufschrift »Seifen- und Lichterfabrik«) wurde 1896 der Radlsteg beträchtlich erweitert. Das nach Osten angrenzende Gebäude Tal Nr. 67 wurde daraufhin als Eckhaus neu aufgeführt und mit einer eindrucksvollen neubarocken Giebelfassade zum Radlsteg hin geschmückt.

TAL 60 und 62
Fotos: um 1905/1983

In rund achtzig Jahren hat sich nur wenig an den Fassaden dieser Nachbargebäude geändert. Ein Wandel ist lediglich in der Erdgeschoßzone des in der Substanz wohl noch bis ins 16. Jahrhundert zurückreichenden »Metzger-Bräu« (seit 1907 mit dem im Foto angeschnittenen westlichen Nebenbau zu einer Hausnummer Tal 62 vereinigt) eingetreten, wo in den sechziger Jahren verschiedene Lösungsmöglichkeiten erprobt wurden (quadratische Fenster mit Eingang vom Nebenbau, dann Fenstertüren). Die Gaststättentradition, die bis 1556 zurückgeht, hat sich erfreulicherweise bis heute erhalten; allerdings in Anpassung an den »Zeitgeschmack«.

CHINA
UHREN
Sieghart
SCHMUCK
Steakrestaurant im Tal
LA CABAÑA

BLICK DURCHS TAL ZUM ISARTOR
Fotos: 1903/1983

Die historistische Bausubstanz der Tal-Nordseite wurde nach den Kriegszerstörungen, mit Ausnahme des Hotels »Torbräu«, bei zurückverlegter Baulinie, durch moderne Gebäude ersetzt; in die Erdgeschoßzone des 1899/1900 im Stil der Neurenaissance erbauten »Torbräus« wurden 1969 Arkaden eingebaut.

MÖBEL
SEITZ
J.M.SAILER
HOTEL
TORBRÄU
MÖBEL TACKE
MÖBEL
OASE
MÖBEL OASE
tal 51
M-TK 4985

48

TAL 46–49 Fotos: 1887/1983

Auch auf der Südseite des unteren Tals ist ein völliger Wandel eingetreten. Die auf dem Foto von 1887 abgebildeten Häuser Tal Nr. 46 und 47 an der Ecke zur Westenriederstraße wurden 1889 abgebrochen und ihre Grundstücke für einen fünfgeschossigen Neubau im Stil der Neurenaissance zusammengelegt, der mit den anstoßenden bescheidenen Bürgerhäusern des ausgehenden 18. Jahrhunderts eigenartig kontrastierte. Nach Kriegszerstörung entstanden hier nüchterne Geschäftshäuser, wobei das Eckhaus Westenriederstraße (1975) stark zurückweicht, um dem Verkehrsfluß zum Altstadtring Platz zu machen.

Auf dem alten Foto ist noch der zwischen Westenrieder- und Frauenstraße gelegene Komplex des einstigen Volkstheaters zu sehen (erbaut 1812 von J. E. Herigoyen), der allerdings nur bis 1825 seinem ursprünglichen Zweck diente. Danach war das Gebäude u. a. städtische Pfandleihanstalt, zuletzt ein Kino (Atlantik-Palast), das nach seiner Zerstörung im 2. Weltkrieg abgebrochen wurde. Das Areal ist heute in den Altstadtring einbezogen.

TAL/ECKE PFLUGSTRASSE
Fotos: um 1905/1983

Die beiden Gebäude an der Nordseite des unteren Tals mit Putzfassaden des späten 18. Jahrhunderts wurden nach Kriegszerstörung 1960 durch einen modernen Zweckbau (Ausstellungs- und Lagerräume für Möbel) ersetzt.

STUHL KADEDER

TAL/ECKE STERNECKERSTRASSE
Fotos: um 1895/1983

Das turmartig gestaltete Warenhaus von 1889 (Heilmann & Littmann), das den architektonischen Flair der Weltstadt Paris einzufangen trachtete, ist heute weitgehend seiner nüchternen Umgebung angepaßt.
Der am linken Bildrand der älteren Aufnahme angeschnittene schlichte Bau des »Sterneckerbräu« wurde 1901 durch ein imposantes Neurenaissance-Gebäude (Heilmann & Littmann) ersetzt, in das inzwischen – wie in so viele Anwesen im Tal – ein Möbelgeschäft Einzug gehalten hat. Eine zweifelhafte Berühmtheit hatte der »Sterneckerbräu« dadurch erlangt, daß dort das erste Versammlungslokal der NSDAP war.

Stephan
Musik
Rauscher
Musik
Rauscher
Tal
MÖBEL OASE
MÖBEL
OASE

SAVOY
CONCERT
LANOLIN
LANOLIN
ALTVATER BAR
MAGGI
Thal 39. Militärknödel u. Kronfleischküche v. Jakob Zerle. Thal 39.
Eingang
andlung von . alh

TAL MIT ISARTOR Fotos: um 1910/1983

Die in der neueren Aufnahme festgehaltene Baulücke mit Behelfsbauten beim Lueg ins Land ist inzwischen selbst wieder Geschichte; seit 1984 entsteht hier im Anschluß an ein durch Kriegseinwirkung auf drei Geschosse reduziertes und fassadenbereinigtes Neurenaissance-Gebäude (um 1900) ein postmoderner Neubau.

7218 München. - Isarthor

DAS ISARTOR Fotos: um 1910/1983

Das 1835 auf Kosten Ludwigs I. von Friedrich von Gärtner restaurierte Isartor kontrollierte einst den Eintritt der von der Isarbrücke kommenden Salz- und Handelsstraße in den zweiten Mauerring aus der Zeit Kaiser Ludwigs des Bayern.
Das Verbindungsstück zwischen den beiden Flankentürmen war bei der historisierenden Restaurierung von 1835 mit zwei zusätzlichen Durchfahrten versehen worden, die aber für den Verkehr zwischen der Stadt und den dichtbevölkerten östlichen Vororten bald nicht mehr ausreichten, weshalb 1873 auch die beiden Flankentürme durchbrochen wurden. So waren die fünf Öffnungen des Isartores Ausdruck und Symbol für die Abhängigkeit der Stadt von der Straße und ihre darauf bezogene »Aufgeschlossenheit«. Das 1972 geglückt restaurierte Isartor ist heute durch den in Nord-Süd-Richtung vorbeigeführten Altstadtring und durch dessen seitliche Zu- und Abfahrtsverbindungen mit dem Tal auf eine Verkehrsinsel gestellt und unter Verlust einer sinnvollen Torfunktion zu einem »Stadtbefestigungsdenkmal« denaturiert.

CAFE PUTSCHER
6,3

BLICK VOM ODEONSPLATZ IN DIE LUDWIGSTRASSE
Fotos: um 1895/1984

An kaum einer anderen Stelle Münchens ist die Kontinuität von Verkehrsräumen und umgebender Bausubstanz besser gewahrt als im Bereich des Odeonsplatzes und der vorderen Ludwigstraße.

LUDWIG I
KOENIG
VON BAYERN

WESTSEITE DES ODEONSPLATZES Fotos: um 1885/1984

Besonders die von Leo von Klenze geschaffene klassizistische Westbebauung des Odeonsplatzes beim Denkmal König Ludwigs I. von 1862 hat eine ungewöhnliche Identität des Erscheinungsbildes behalten. Allerdings haben sich die Aufgabenzuweisungen hinter den Fassaden geändert; in das 1826–1828 entstandene kgl. Odeon (links) zog nach dem Wiederaufbau (1951–1954) das Bayerische Innenministerium ein, das 1816–1821 erbaute sog. Leuchtenberg-Palais (rechts) beherbergt seit dem 1966 abgeschlossenen Wiederaufbau das Bayerische Finanzministerium.
Im Hintergrund das 1825 geschaffene Palais Ludwig-Ferdinand, in dem nun die Firma Siemens ihren Sitz hat.

BRIENNER BAECKEREI

ODEONSPLATZ GEGEN SÜDEN Fotos: um 1885/1984

Ungestört ist bis heute der Zusammenklang zwischen der 1663–1690 von Agostino Barelli und Enrico Zucalli erbauten barocken Theatinerkirche (Fassade 1765–1768 von François Cuvilliés d. Ä.) und der 1844 nach dem Vorbild der Loggia dei Lanzi in Florenz von Friedrich Gärtner errichteten Feldherrnhalle, die den Auftakt der »königlichen« Ludwigstraße markiert. An die Theatinerkirche anschließend das 1819 von Leo von Klenze entworfene klassizistische Palais Moy, das heute ein Geschäfts- und Bürohaus ist. Auch der aus dem selben Jahr stammende Klenze-Bau diesseits der Brienner Straße hat – mit Ausnahme zusätzlicher halbrunder Dachgauben – die stilistische Aussage seiner Entstehungszeit ungeschmälert bewahren können.

MAXIMILIAN I
CHURFUERST
VON BAYERN

WITTELSBACHERPLATZ Fotos: um 1875/1984

Die eindrucksvolle Platzgestaltung vor dem Palais Ludwig-Ferdinand, um das von Bertel Thorwaldsen 1839 geschaffene Denkmal Kurfürst Maximilians I., hat in der Zeit zwischen den beiden Aufnahmen Korrekturen erfahren, die trotz der äußerlichen Übereinstimmung der Gesamtsituation angesprochen werden wollen.
Zum einen wurde der Haupteingang des Palais Ludwig-Ferdinand 1968 von der Ostseite zur Platzfront verlegt und durch eine dezent gestaltete Freitreppe mit dem Platzareal verbunden. Zum anderen wurde die eindrucksvolle, mittels durchgehender Kieselsteinpflasterung erzielte steinerne Öde des Platzes bereits 1905 durch die Anlage einer quadratischen Verkehrsinsel beim Denkmal, die ein dem Fassadenverlauf folgender Straßenzug umschloß, beseitigt. Der äußere Rand dieser umlaufenden Straße wurde mit Bäumen bepflanzt (Pappeln bzw. Kugelahorne).
Von 1937 an entwickelte sich der Wittelsbacherplatz zu einem häßlichen Parkplatz, ein Mißstand, der erst 1972 durch die Erweiterung der Denkmalinsel und deren Abschirmung durch »begrünte« Tontöpfe rückgängig gemacht wurde. 1977 wurden mit schwarzen Kleinsteinfeldern abgesetzte Platten um das Denkmal verlegt und begrenzende Prellsteine aufgestellt, die zwar die Rückbesinnung auf die hier platzgestaltende Funktion des Steines ausdrücken, nichtsdestoweniger aber die Faszination der vormals durchgängigen Kieselsteinpflasterung verfehlen.

V. WITT
Pelzwaren Bernhard Bauch

DER LUITPOLDBLOCK Fotos: um 1915/1984

Der 1886–1888 durch Umbau von sieben Wohnhäusern (sog. Knorrhäuser) und Stockwerksaufsetzung entstandene pompöse Neurenaissance-Palast des »Luitpoldblocks« (Entwurf O. Lasne) kontrastierte auffallend zu der umgebenden klassizistischen Bebauung. Die Wiedererrichtung des vom 2. Weltkrieg als Ruine zurückgelassenen Komplexes in den Jahren 1961 und 1975/76 brachte mit der stilistischen Annäherung an die einstigen »Knorrhäuser« eine begrüßenswerte Rücksichtnahme auf das architektonische Ambiente.
Das auf dem Foto von 1915 am rechten Bildrand angeschnittene Gitter gehörte zur Rahmung des Schiller-Denkmals (1859), das infolge des sukzessiven Ausbaus des Altstadtrings mit der bis vor das Almeida-Palais reichenden Grünanlage entfernt wurde und 1963 seinen jetzigen Standort am Übergang Maximiliansplatz/Platz der Opfer des Nationalsozialismus fand.

THEATINERSTRASSE NACH NORDEN
Fotos: um 1925/1985

Die einstige »Hauptverkehrsader« Theatinerstraße ist nach der Umwandlung zur Fußgängerzone 1974 heute eine beliebte »Flanierstraße«.
Ihre beim Wiederaufbau in den fünfziger Jahren oft unauffällig, ja anspruchslos gestaltete Fassadenabwicklung hat die Erinnerung an die vor dem Krieg hier vorhandene architektonische Vielfalt vergessen lassen. Besonders im Umkreis des neubarocken Hypo-Gebäudes (das 1894–1898 von E. Schmidt umgebaute Palais Cotta) hatten einige detailreiche Rokokofassaden den Krieg überdauert (z. B. Mielich-Haus, Palais Piosasque de Non) und waren erst der Schutträumung zum Opfer gefallen.
Der 1950-1953 mit eingerückter Straßenfront errichtete Hypo-Neubau (Entwurf A. Abel) und die sich bis zur Salvatorstraße erstreckenden Erweiterungsbauten von 1959/60 (Entwurf C. W. Buchner und G. H. Winkler) können immerhin als zurückhaltende Überleitung zur Theatinerkirche angesprochen werden.
Am rechten Bildrand der Aufnahme von 1925 ist noch die Bebauung zwischen Schrammerstraße (alt) und Perusastraße zu sehen. Hier wurde in der Nachkriegszeit durch den nach der Schutträumung freigehaltenen »Marienhof« und die 1958 beträchtlich in Richtung Perusastraße verschobene Nordfront der Schrammerstraße (neu) eine grundsätzlich veränderte städtebauliche Situation geschaffen.

BAYERISCHE VEREINSBANK
RISCHE VEREINSBANK
MODEHAUS
NDLER
Münchner Merkur
ZWILLING

JOSEF FRENZEL
ENGLISCHE APOTHEKE
ENGLISCHE APOTHEKE
Apotheke
Englische Apotheke
ENGLISCHE APOTHEKE
G. Troberg Juwelier
Gold- u. Silberwaren

THEATINER-/ECKE PERUSASTRASSE
Fotos: um 1910/1984

Das Eckgebäude Theatiner-/Perusastraße war einst das Graf Perusa-, nachmals Graf Salern'sche Haus, in das man 1809 die Klosterapotheke der Englischen Fräulein (vorher Weinstraße 13) nach öffentlicher Versteigerung übertragen hatte. Als »Englische Apotheke« oder »Engelapotheke« war sie eine der angesehendsten Offizine Altmünchens.
Nach der Zerstörung des Gebäudes 1944 wich die Apotheke in das Haus Theatinerstraße Nr. 7 aus. Der 1979 fertiggestellte Neubau mit Natursteinverkleidung (Entwurf F. Heindl) vermeidet aus verkehrstechnischen Gründen eine Ecksituation.
Die luxuriösen Ladeneinbauten unterstreichen den Anspruch der Theatinerstraße, als »Einkaufsboulevard« zu gelten.

BLICK AUS DER PERUSASTRASSE AUF DIE THEATINERSTRASSE
Fotos: um 1905/1984

Das Palais Arco, ehemals Tattenbach, mit seiner um 1770 von François Cuvilliés d. J. entworfenen Fassade, war nach der 1873–1875 durchgeführten Verbreiterung und Umwandlung des einstigen Fingergäßchens zur Maffeistraße 1876 als Eckgebäude umgebaut und dabei um vier Achsen vergrößert und gleichzeitig um ein Stockwerk erhöht worden.
An das Palais Arco schloß sich gegen Norden die sog. Alte Stadtkommandantur an (im Foto von 1905 am rechten Bildrand angeschnitten).
Beide Bauten wurden 1908–1910 durch barockisierende moderne Geschäfts- und Bürogebäude (Entwurf G. Meister) ersetzt.
Die aus Straßenerweiterungsgründen geforderte Zurücknahme der Front längs der Theatinerstraße wurde durch die behördliche Konzession eines zusätzlichen Obergeschosses bzw. zweier Obergeschosse ausgeglichen.
Die Eckabrundung beim Nachfolgebau des Arco-Palais entsprach den Forderungen des Stadtbauamtes nach zusätzlicher Aufweitung der Passage Maffei-/Theatinerstraße.

Eckerle Moden
MAENDLER
SOLLFRANK
PARFÜMERIE DOUGLAS
SCHÖNHERR
A. EISELT-PELZE
ENGEL-APOTHEK
Eckerle Moden

DER PROMENADEPLATZ GEGEN WESTEN Fotos: 1912/1984

Als Zentrum des Altmünchener Salzhandels und wichtige Achse eines ehedem höfisch-adeligen Stadtviertels entwickelte sich das Gelände nach der Entfernung der kurfürstlichen Salzstädel 1780 im 19. Jahrhundert zum Paradeplatz und schließlich zu einem noblen, mit Erzstandbildern geschmückten großbürgerlichen Promenierbereich.
Das Foto von 1912 zeigt bereits die bis heute maßgebliche Prägung des Platzes durch ein Hotel, sowie durch Banken und Geschäftshäuser. Auf der rechten Bildseite dominiert der Neubau des Hotels Bayerischer Hof, der 1897 im Stil der Neurenaissance durchgeführt worden war (Entwurf G. Meister) und in der Ecke gegenüber der Karmeliterkirche das Wohn- und Geschäftshaus der Gebrüder Parcus von 1887/88 (Entwurf F. v. Thiersch).
Am rechten Bildrand angeschnitten das 1811–1813 von Joseph Emanuel Herigoyen erbaute Palais Montgelas (1876 um ein Stockwerk erhöht), der Amtssitz der bayerischen Ministerpräsidenten bis 1942.
Auf der linken Bildseite das Gebäude der Dresdner Bank (1906/07 von Heilmann & Littmann) und – jenseits der Windenmacherstraße – ein Geschäftsneubau von 1909 (Entwurf Cube und Stöhr), der das alte Hotel Max Emanuel ersetzt hatte.
An dieses Gebäude schließen sich bis vor zur Karmeliterstraße noch hübsche bürgerliche Traufenhäuser an, darunter das »Ostermeierhaus« mit der von

Johann Baptist Gunetzrheiner um 1730 gestalteten Rokokofassade. Im Vordergrund des Bildes – neben einem Stationshaus der Trambahn – das 1845 geschaffene Denkmal für den bayerischen Rechtsgelehrten und Staatskanzler Alois Wiguläus von Kreittmayr, das in den dreißiger Jahren erbitterte Proteste der Nationalsozialisten auslöste und bei Kriegsbeginn entfernt wurde. Eine 1961 erwogene Neuaufstellung eines Kreittmayr-Denkmals kam nicht zustande, weil wiederum gegen die Person Kreittmayrs polemisiert wurde, andererseits aber auch das bereits fertig gegossene Denkmal als in der Auffassung »zu modern« abgelehnt wurde.
Die Aufnahme von 1984 zeigt den 1960–1963 in sachlichem Stil neuerbauten Bayerischen Hof (Entwurf E. Schleich) und das 1971–1973 an den Hotelkomplex angeschlossene Montgelas-Palais mit restaurierter Fassade. Verschwunden ist das zwischen dem Bayerischen Hof und dem Parcushaus gelegene, von Enrico Zuccalli um 1690 erbaute Palais Maffei, dessen den Krieg überdauernde Fassade 1952 abgerissen wurde.
Auf der Südseite des Platzes bei der Einmündung der Karmeliterstraße erhebt sich seit 1960 der Neubau der Deutschen Bank, in den auch das »Ostermeierhaus« einbezogen wurde, allerdings unter Rekonstruktion der Rokokofassade.

BLICK VON LENBACHPLATZ AUF DIE MAXBURG
Fotos: 1911/1985

Die um 1590 von Herzog Wilhelm V. erbaute Maxburg (der Name wird abgeleitet von Herzog Max Philipp, Bruder Kurfürst Ferdinand Marias, der dort in der zweiten Hälfte des 17. Jahrhunderts residierte) stand in engstem baulichem Zusammenhang mit dem Jesuitenkloster und der Kirche von St. Michael. Dieser geistlich-fürstliche Gesamtkomplex beanspruchte nahezu den vierten Teil der Grundfläche des Kreuzviertels. Der repräsentative Residenzbau erfuhr vielfältige Umbauten und Veränderungen, zuletzt 1866, als anstelle des sog. Herzogen-Stadttors ein neuer Westtrakt für die Staatsschuldentilgungskommission angefügt wurde, dessen Fassade die farbige Putzbehandlung der Erbauungszeit mit Felderteilung in flachem Relief – in leicht abgewandelter Form – wieder aufgriff.

Am rechten Bildrand der Aufnahme von 1911 erscheint das Oktogon der 1887 fertiggestellten Synagoge (Entwurf A. Schmidt), die 1938 auf Befehl der Nationalsozialisten abgebrochen wurde.
Nach der Kriegszerstörung von 1944 wurde die Maxburg 1954/55 als moderner Stahlskelettbau (Entwurf S. Ruf und T. Pabst) neu errichtet und der vom alten Gebäude bei der Trümmerbeseitigung allein übriggebliebene Turm dem Neubau angegliedert.
Nach dem Einzug von Geschäften und Justizbehörden stellten sich bald Unzulänglichkeiten bei der angebrachten Natursteinverkleidung heraus, weshalb die Maxburg bis 1964 eingerüstet bleiben mußte. Der Volksmund taufte in diesen Jahren die Maxburg zur »Murxburg« um.

WEINSTRASSE 6
Fotos: um 1900/1984

Das Haus »am Fraueneck« (Hausname wohl nach der Madonnenfigur) mit seiner Rokokofassade zeigt im Erd- und 1. Obergeschoß die für das späte 19. Jahrhundert so typischen rücksichtslosen Ladeneinbauten (1888), welche die Wandfläche nahezu auflösen.
Der im 2. Weltkrieg zerstörte Bau hat 1960 einen sehr gegensätzlichen Nachfolger gefunden (Entwurf F. Ried), dessen durch farbig abgesetzten Naturstein bewirkte Fassadenrasterung im ebenfalls farblich abgesetzten Plattenbelag des Fußgängerbereiches Weinstraße nachträglich eine Entsprechung gefunden hat. Um die Sporerstrasse zu verbreitern war die Südfront des Neubaus zurückgenommen worden.

Peter Palmers
In Wäsche die größte Auswahl
SAROTTI
Weinstraße

DAMEN-LODEN
Tyroler Steirer
deutsche Fabrikate
EN GROS
EN DETAIL
Atelier Helios
VICTOR GEIGER

WEINSTRASSE 8
Fotos: um 1900/1984

Das einstige Stammhaus des »Filserbräu«, dessen Tradition bis 1484 zurückreicht, wurde 1847 durch einen Neubau im »Gärtnerstil« ersetzt. In der Folge befand sich hier die Gastwirtschaft »Zur Stadt London« (Eingang von der Filserbräugasse), die bis 1904 Bestand hatte. 1892 wurde die Fassade zur Weinstraße aufgebrochen und in drei Geschossen das Kaufhaus »Stadt London« eingerichtet.
Das 1955 nach Kriegszerstörung neu erstellte Haus (Heilmann & Littmann) entspricht der zurückhaltenden Architekturaussage der frühen Wiederaufbauzeit.

BLICK VOM MAX-JOSEPH-PLATZ IN DIE RESIDENZSTRASSE
Fotos: um 1890/1984

Das am linken Bildrand der Aufnahme von 1890 ansetzende Bürgerhaus von acht Fensterachsen war mit seiner Fassade aus dem 18. Jahrhundert nicht kriegszerstört, wurde aber 1961/62 von Grund auf neu gebaut (Entwurf F. und C. Winkler), wobei der Gesamtcharakter des Gebäudes gewahrt blieb.
Die beiden sich anschließenden Bürgerhäuser des 18. Jahrhunderts mußten schon 1893 der von Gabriel von Seidl im Stil des Neubarock errichteten Gastwirtschaft »Bauerngirgl« weichen, wobei die Front zur Residenzstraße um 2,5 m zurückverlegt wurde, um mit der Erweiterung der hier besonders engen Passage einen Anfang zu machen. Nach der Zerstörung des Seidl-Baus im 2. Weltkrieg wurde schließlich auch dessen erhaltene Fassade beseitigt und 1958 ein dezenter Neubau (Entwurf G. Winkler) mit bunter Fassadenbemalung ausgeführt.
Auch das nach Norden hin anstoßende Rokokohaus wurde 1960 nach Kriegszerstörung durch einen ruhigen Neubau ersetzt. Die genannten Nachkriegsbauten lösen die Engpaß-Situation gegenüber dem Königsbau der Residenz durch Arkaden.

bessé
Teppichhaus IRAN
FISCHER - BÖHLER
Residenz

MAX-JOSEPH-PLATZ Fotos: um 1875/1984

Der auf säkularisiertem und zu Beginn des 19. Jahrhunderts abgeräumtem Kirchenbesitz (Ridler-Regelhaus, Franziskanerkloster mit Friedhof) entstandene Max-Joseph-Platz lebt vom Zusammentreffen dreier Monumentalbauten des klassizistischen München. Dies sind das durch Karl von Fischer erbaute Hof- und Nationaltheater (1818 eröffnet, 1823 abgebrannt, 1825 – nach Rekonstruktion durch Klenze – wiedereröffnet), der sog. Königsbau der Residenz (1826–1835 von Klenze nach dem Vorbild des Palazzo Pitti in Florenz geschaffen) und – nicht im Bild – das ehemalige Toerring-Palais (1834 zur Hauptpost umgewandelt und 1836–1839 von Klenze den umgebenden Bauten stilistisch angepaßt). »Verbindungsstück« der im Nordosten des Platzes eng aneinandergerückten Baukörper von Residenz und Hoftheater war der Eingang zum Residenztheater (Cuvilliés-Theater) mit 1852 vorgeblendeten Arkaden, über denen 1854 August Voit für König Maximilian II. einen Wintergarten eingerichtet hatte. Wie beim Wittelsbacherplatz steigerte auch beim Max-Joseph-Platz die faszinierende Weitläufigkeit der Kieselsteinpflasterung die Wirkung der Architekturkulisse um das 1835 entstandene Denkmal für Bayerns ersten König (Entwurf Chr. Rauch). Heute ist der innere Bereich des Platzes gegenüber der kreisförmigen Straßenführung (mit Zufahrt zur 1964 geschaffenen und 1982 erweiterten Tiefgarage) durch kettenbespannte Prellsteine und auf hohe Sockel gesetzte Kandelaber hervorgehoben. Damit wurde die einstige Einheit der Platzanlage aufgelöst. Der Verbindungstrakt zwischen Nationaltheater und Königsbau beherbergt seit 1951 das Neue Residenztheater (Entwurf K. Hocheder).

Das kriegszerstörte Nationaltheater wurde in historischer Form und Ausstattung 1958–1963 wiederhergestellt; der ehedem in Mosaik ausgeführte Portikusgiebel konnte 1972 mit plastischem Figurenschmuck (Entwurf G. Brenninger) versehen werden.

WESTSEITE DES MAX-JOSEPH-PLATZES Fotos: 1872/1984

Der Blick hin zur Frauenkirche offenbart den reizvollen Kontrast zwischen der Monumentalbebauung des Max-Joseph-Platzes und der Kleinräumigkeit der das gesamte Areal abschließenden Westseite der Residenzstraße. Hier hat sich der Typus des spätmittelalterlichen Münchener Bürgerhauses mit steilem Dach und Schleppgauben erhalten, wobei auf dem Foto von 1872 am Platz des heutigen Spatenhauses sogar noch Bauteile des ehemaligen Püttrichklosters zu sehen sind, die 1889 abgerissen wurden.
Heute wird die fast durchweg um ein bis zwei Geschosse erhöhte Bebauung der Residenzstraße beherrscht vom 1910/11 in historisierendem Stil errichteten »Zechbauer-Haus« (Heilmann & Littmann) und dem 1955 nach Kriegsbeschädigung mit einer neuen Fassade versehenen Spatenhaus.

RESIDENZ-STRASSE ZWISCHEN PERUSA- UND SCHRAMMER-STRASSE
Fotos: 1912/1984

Eine der letzten Altstadt-Baulücken nach Kriegsende überbrückt der ebenerdige Behelfsbau der Traditionsgaststätte »Zum Franziskaner«. Ursprünglich befand sich hier eine seit 1363 nachweisbare Braustätte, deren Betrieb 1842 eingestellt wurde. 1888 übernahm die Löwenbrauerei die Wirtschaft und baute 1913 den rückwärtigen Teil zur Perusastraße mit Verbindung zur Theatinerstraße aus. Das an die Gastwirtschaft anschließende kleine Haus mit drei Fensterachsen fiel ebenfalls der Kriegszerstörung anheim; auch seine Grundfläche wird von dem gegenwärtigen Behelfsbau belegt.

SEITZ
EINRICHTUNGSHAUS
SEITZ
SEITZ
LÖWENBRÄU Bier vom Faß
Straßenverkauf
EINGANG
ZECHBAUER - ZIGARREN

IM ALTEN HOF
Fotos: um 1905/1984

Der Alte Hof, eine am Nordwesteck der sog. Heinrichsstadt gelegene Vierflügelanlage, war von 1253–1385 die Stadtresidenz der Wittelsbachischen Landesherrschaft.
Der zur Stadt gewandte Südtrakt war einst durch einen mächtigen Torturm geschützt, der 1813 zur Hälfte abgetragen wurde. Ein die Hofansicht des Südtraktes bestimmender zierlicher gotischer Polygonerker wird heute fälschlicherweise als »Affenturm« bezeichnet (auf welchen der Sage nach Kaiser Ludwig der Bayer einst als Säugling von einem Affen verschleppt worden war), obwohl sich das diese Geschichte begründende steinerne Denkzeichen einst an einem Türmchen der 1816

abgebrochenen St.-Laurentius-Hofkirche im Nordtrakt der Anlage befunden hatte.
Nachdem große Teile des Alten Hofes im Krieg zerstört worden waren, begann 1950/51 der Wiederaufbau, der sich, mit Ausnahme der sog. Kassenhalle im Osten, dem überkommenen Erscheinungsbild anpaßte. 1963 wurden die grau-ocker-farbigen Rauten als Bemalung des 15. Jahrhunderts freigelegt und ergänzt. Der seit 1813 verschwundene obere Teil des Torturmes Richtung Burgstraße wurde 1967 neu aufgebaut und mit der Einrichtung eines Fußgängerdurchganges zur Burgstraße (neben der Tordurchfahrt) die Wiederherstellung der Anlage abgeschlossen.

DAS LÖWENECK IN DER BURGSTRASSE
Fotos: um 1905/1984

Das die Westseite der Burgstraße zum Alten Hof hin beschließende dreistöckige Gebäude gab durch seinen Namen »Zum Löweneck« (vergl. das dort angebrachte Hauszeichen) einen Hinweis auf den einst an dieser Stelle befindlichen herzoglichen Löwenzwinger. Die kriegszerstörte Ruine wurde 1946 abgetragen. Eine Neubebauung der Grundfläche verhinderte die 1961 beschlossene Freistellung der stadtseitigen Front des Alten Hofes.

Gaststätte
Biermuseum

DIE OSTSEITE DER BURGSTRASSE

Fotos: um 1905/1984

Der leicht gekrümmte Straßenzug der Burgstraße zwischen Altem Hof und Marienplatz zeigt an seiner Ostseite (linker Bildrand) zunächst den sog. Schlichtingerbogen, einen uralten Abstieg (wohl Durchlaß durch die Stadtmauer der Heinrichsstadt) zum Tal, daneben ein spätgotisches Bürgerhaus in der Überarbeitung des 18. Jahrhunderts (Wohn-und Sterbehaus von François Cuvilliés) und daran anschließend ein nicht weniger reizvolles Gebäude im Dekor der Zeit Kurfürst Maximilians III. Joseph, in dem der Jurist und Staatskanzler Alois Wiguläus von Kreittmayr verstarb. Dieses Haus wurde 1909 durch einen Nachfolgebau im Stil des Neubarock ersetzt (Entwurf K. Stöhr), der den 2. Weltkrieg leidlich überstand. Vom Krieg zerstört wurden allerdings die folgenden vier Bürgerhäuser in Richtung Altes Rathaus; die Baulücke füllten die Architekten Rudolf Röder und Roderich Fick mit einem beispielgebenden Neubau (Amt für Wohnungswesen), der nicht nur die gekrümmte Fluchtlinie der Straße aufgreift, sondern mit seiner gliedernden Fassadenbemalung und einem (im Bild nicht mehr sichtbaren) Erker das Altmünchener Straßenbild in einwandfreier Form nachempfindet.

Gold
Silber
ANKAUF
SCHÄTZUNGEN
VERKAUF
FRISEUR

BURGSTRASSE
5 und 6
Fotos: um 1900/1984

Das an der Westseite der Burgstraße gelegene Gebäude der ehemaligen Stadtschreiberei und des städtischen Weinlagers (heute Gastwirtschaft »Weinstadl«) mit seinem Flacherker und den beiden seitlichen Halbgiebeln (sog. Ohrwascheln) repräsentiert eindrucksvoll das für München einst typische spätgotische Traufenhaus. Nur wenigen ist allerdings bekannt, daß der mittlere Giebel erst 1890 aufgesetzt wurde. NachKriegsbeschädigung wurde das Gebäude 1951 instandgesetzt. Als 1962/63 bei einer Restaurierung Fassadenmalereien von Hans Mielich freigelegt wurden, rückte das Gebäude zu einem erstrangigen Münchener Architekturdenkmal auf. Das sich nach rechts anschließende sog. Mozarthaus (hier komponierte der Künstler 1780 seine Oper Idomeneo) tritt uns in der älteren Aufnahme bereits als Neubau von 1875 mit spätklassizistischer Fassade entgegen (Entwurf J. Marggraff). Das im 2. Weltkrieg zerstörte Haus wurde 1963 durch einen Nachfolgebau ersetzt (Entwurf Buchheim und Hartinger), der in seiner bescheidenen Gestalt dem historischen Ambiente keinen Zwang antut.

BLICK VOM VIKTUALIENMARKT ZUR SPARKASSENSTRASSE
Fotos: 1900/1983

Nach dem Abbruch der Unteren Fleischbank und des Schlachthauses über dem Roßschwemmbach 1870 bzw. 1879 und der Freistellung des Chores von St. Peter 1880 wurde am Ostabhang des Petersbergls 1881 eine Terrasse zum Viktualienmarkt hin angelegt, in deren neugotischem Unterbau Metzgerläden eingerichtet wurden (Entwurf A. Zenetti). Das Foto von 1900 zeigt im Anschluß an den Alten Rathausturm den seit 1944 verschwundenen Baukörper des Kleinen Rathauses mit dem seit 1876 dort eingerichteten Standesamt im regotisierten Erscheinungsbild von 1880/1881. Am rechten Bildrand die Verbindungsmauer zwischen dem Alten Rathaus und dem sog. Administrationsgebäude, hinter der bis 1907 der offene Stadtbach floß. Die »Metzgerzeile« wurde 1979 unter Verwendung erhaltener neugotischer Teile erneuert. Im südlichen Bereich – einst eine Toilettenanlage – hat sich heute ein Café etabliert, das auch die Terrasse z. T. miteinbezieht.

DER VIKTUALIENMARKT GEGEN DIE HEILIG-GEIST-KIRCHE
Fotos: 1892/1985

Das seit 1807 mit dem Kräutl- bzw. Viktualienmarkt belegte Gelände des Heilig-Geist-Spitals gehört zu den wichtigsten öffentlichen Plätzen Münchens. Seit 1823 wurde die umgebende Spitalbebauung systematisch beseitigt; 1885 fiel als letzter Trakt das der Kirche unmittelbar angeschlossene »Weiberspital«.
Die auf dem Foto von 1892 zu sehende Einführung der Reichenbachstraße in die Platzanlage ist seit 1975 aufgehoben. Es entstand hier ein Fußgänger- und Erholungsbereich mit »Biergarten«.
Von der am linken Bildrand beginnenden Bebauung (bei der ehemaligen Schule im Rosental) haben allein die Gebäude der Firma Kustermann und das »Haus Neumayr« Kriegs- und Nachkriegszeit überstanden. Die am rechten Bildrand sichtbare Abbruchstelle des Fischerturmes (1891) zeigt ein Stück ehemaliger Stadtmauer, das mit dem daran angebauten Café Gröber 1893 verschwand.

Talgschmelzerei, Seifen u. Lichter = Fabrik von Gebrüder Feiß, Firma Alois Finsenmaýer.
Frank. Wurstwaren

SEBASTIANSPLATZ Fotos: 1906/1984

An der Nordseite des Sebastiansplatzes hat sich bis heute eine Zeile typischer Altmünchener Traufenhäuser, z. T. mit Seitengiebel, erhalten.

GASTHAUS »ZUM BLAUEN BOCK«
Fotos: um 1885/1984

Der heutige Gasthof »Blauer Bock« war einst ein dem Kloster Ebersberg gehörendes Stadthaus mit einer dem Klosterpatron St. Sebastian geweihten Kapelle. Im Zuge der Säkularisation wurde die Kapelle aufgelassen und 1814 eine Bierwirtschaft eingerichtet. Noch bis zur Beschädigung des Hauses im 2. Weltkrieg war die Lage der einstigen Kapelle an ihrem aufragenden Dachstuhl erkennbar.

ENBIER
Blauer Bock
HOF BLAUER BOCK
HOTEL
Prälat-Zistl-Str.
Blumenstraße
M·P 4349
M·KA 4000
GAP T 335

Gasthof zum Karpfinger
9. Georg Hasenmüller 9.
10 Joseph Hasenmüller. 10

OSTSEITE DES ST.-JAKOBS-PLATZES Fotos: 1908/1984

An der Nordostecke des St.-Jakobs-Platzes befand sich bis zum 2. Weltkrieg eine Abfolge Altmünchener Bürgerhäuser mit z. T. spätklassizistischen Fassaden.

Das 1978/79 an dieser Stelle errichtete Altenwohnheim (Entwurf W. Bönninger und P. Biedermann) versucht mit einer stark gegliederten und durch Erker mit Schleppgauben bereicherten Fassade atmosphärisch an das auf »Spätmittelalter« ausgerichtete Milieu der unmittelbaren Umgebung (Stadtmuseum-Marstallgebäude von 1976–1978) anzuschließen. Am linken Bildrand des Fotos von 1908 ist das sog. Seidenhaus angeschnitten, das einzige »Herbergsanwesen« in der Münchener Innenstadt, dessen Grundfläche nach der Kriegszerstörung des Gebäudes im Platzareal aufgegangen ist.

r s Malz-Fabrik.

ST.-JAKOBS-PLATZ, früher UNTERER ANGER Fotos: 1903/1984

Der parallel zum Oberanger verlaufende Untere Anger war in seinem vorderen Teil bis 1944/45 vom St.-Jakobs-Platz durch das ehemalige Feuerwehrhaus getrennt.
Die Aufnahme von 1903 zeigt links den ehemaligen »Probstbräu« (seit 1858 Wirtschaft mit Malzfabrik). Jenseits der heute nicht mehr existierenden Probstbräugasse schließen sich drei Altmünchener Bürger- und Handwerkerhäuser an, von denen eines (Abbruchstelle) im Jahr der Aufnahme durch einen repräsentativen Neubau (Entwurf M. Dülfer) ersetzt wurde. Die beiden folgenden Gebäude sind das sog. Gunetzrheiner-Haus (im Besitz dieser Familie von 1678–1785) und das Ignaz-Günther-Haus (das Wohnhaus des Künstlers von 1761–1775). Den Abschluß der Zeile bildet das »Orag-Haus«, ein neubarocker Eckbau von 1897 (Entwurf J. und A. Graessel), der an die Stelle des im Kern wohl spätgotischen, jedoch später mehrmals erweiterten »Gighan-Bades« getreten ist.

Im Zuge einer Sanierungsmaßnahme von 1977 verschwanden die schwer beschädigten und z. T. nur noch rudimentär vorhandenen Bauten südlich des (renovierten) Ignaz-Günther-Hauses. Die geschaffene Freifläche ist noch immer eine städtebauliche Problemzone der Altstadt.

Buchdruckerei
A. Sommer & Sohn
Mittag und Abendtisch

UNTERER ANGER 20 Fotos: um 1900/1984

Gegenüber dem Eingang der seit 1811 klassizistischen St.-Jakobs-Kirche am Anger erstreckte sich ein leicht gewinkelter zwölfachsiger Bau mit zurückhaltenden Putzapplikationen, der in Stimmelmayers Stadtbeschreibung um 1800 als ein zum Kloster Anger gehörender »Inwohner-Stock« (Mietshaus) bezeichnet wird. Das nach dem 2. Weltkrieg wieder instandgesetzte Gebäude wurde 1965 für ein Parkhaus-Projekt (Entwurf H. Engels) abgebrochen. Es entstand ein 80 m langer Stahlbeton-Zweckbau, dessen auf die 1956 neugeschaffene St.-Jakobs-Kirche ausgerichtete Ziegelverblendung die unglückliche städtebauliche Lösung nicht überspielen kann.

HÄRTL
Fl. Silberbauer Mehlgrosshandlung

DAS ROSENECK Fotos: 1920/1984

Die 1920 aus der Pettenbeckstraße (angelegt beim Neubau des Ruffini-Blocks 1905) heraus fotografierte Situation Rosenstraße/Rindermarkt zeigt in der Bildmitte – nach dem sog. Zanoli-Haus (angeschnitten) und seinem belanglosen fünfgeschossigen Nachbargebäude – das vorspringende »Roseneck« im umgebauten Zustand von 1897. Auffallend an diesem Gebäude war die Bemalung der Außenflächen mit Rosenstock und »Patrona Bavariae«, wodurch der Hausname erklärt wurde. Die dort betriebene Wirtschaft »Zum Spöckmeier« kann auf eine fast 300jährige Tradition zurückblicken. Durch die Kriegszerstörung und den nachfolgenden Wiederaufbau stellt sich diese Häuserzeile heute gänzlich gewandelt dar. Nach dem Zanoli-Haus folgt nunmehr ein 1949 durchgeführter Neubau im »Altmünchener Stil« (Entwurf E. Freymuth) und der 1972 abgeschlossene Südteil des Kaufhofkomplexes (Entwurf J. Wiedemann). Die neue Gaststätte »Zum Spöckmeier« wurde als integrierter Teil dieses Großprojektes um eine Hausbreite Richtung Marienplatz verlegt und erscheint deshalb bei der Aufnahme von 1984 nicht mehr im Bild. Kurios liest sich heute eine Zeitungsnotiz vom 11. 4. 1969 mit einer Besprechung der Kaufhofplanung an der Rosenstraße, in der folgender Satz vorkommt: »Dank einer geschickten Fassadengestaltung bleibt der Altstadtcharakter in diesem Bereich weitgehend erhalten.« Das in barockisierendem Stil ausgeführte Eckhaus zum Rindermarkt (rechter Bildrand) stammt von 1909 (Entwurf Gebr. Rank). Die gegenwärtige »laute« Bemalung der den Kaufhoftrakt rahmenden Architektur unterstreicht dessen Eintönigkeit und betont die Unüberbrückbarkeit der Gegensätze in diesem Bereich.

ROSENSTRASSE 3 und 4
Fotos: 1883/1984

Auch das 1954 geschaffene Geschäftshaus mit Flacherker und plastischem Fassadenschmuck an der Ostseite der Rosenstraße (Entwurf G. Henneberger) versucht sich – wohl ohne Erfolg – an einer »zeitgemäßen« Umsetzung Altmünchener Architekturtraditionen. Die am Platz des modernen Geschäftshauses stehenden, vier Meter weiter in die Straße hereinragenden Vorgängerbauten kontrastierten besonders unglücklich. Der 1882 neben das alte Traufenhaus gesetzte Neurenaissance-Warentempel (Entwurf J. Deiglmayr) zeugt von der Rücksichtslosigkeit, mit der das Münchener Stadtzentrum in der sog. Gründerzeit vermarktet wurde.

freizeit + sport
schuster

GABRIEL ULLERICH.
RIES
raufer.

RUFFINI-BLOCK Fotos: 1900/1984

Der in seinen Fronten denkbar einfache Ruffini-Bazar, ein Wohn- und Geschäftshaus am Übergang von der Rosenstraße zur Sendlinger Straße (beide Straßen trennte bis 1808 der Blauententurm als ehemaliger Torturm der Heinrichsstadt) wurde in den Jahren 1903–1904 durch einen opulent stuckierten und farblich eindrucksvoll gefaßten Neubau (Entwurf G. v. Seidl) ersetzt. An ihn schlossen sich zwei weitere Gebäude des nämlichen Architekten an, die das gesamte Areal zwischen Rindermarkt, Sendlinger Straße und der neu angelegten Pettenbeckstraße (Verbindung zum Oberanger) einheitlich lebhaft gestalteten. Nach Bombenschäden wurde der Ruffini-Block 1950 wieder aufgebaut, 1955 die Fassaden restauriert. Die kräftige Farbigkeit verdankt der Gebäudekomplex einer Gesamtrenovierung von 1973.

SENDLINGER STRASSE/ECKE FÄRBERGRABEN
Fotos: um 1900/1984

Die eindrucksvolle spätgotische Bausubstanz an der Ecke Sendlinger Straße/Färbergraben (sog. Rappeneck bzw. Haus der Eisenkramer -Zunft) wurde 1910/11 durch einen in historisierendem Stil aufgeführten Neubau (Entwurf Hönig & Söldner) ersetzt. An der Stelle des alten »Hascherbräu«, den 1885 Gabriel Sedlmayr für den Franziskaner-Leistbräu erwarb (auf dem älteren Foto um 1900 am linken Bildrand angeschnitten) erhebt sich heute ein 1960 entstandenes Geschäftshaus (Entwurf C. F. Raue), das unterm 14. 10. 1960 in

einer Tageszeitung hymnisch angepriesen wurde: »Eingespannt zwischen den benachbarten Gebäuden um die Jahrhundertwende bietet sich dem Beschauer eine klare großflächige Fassade von wohlausgewogenen Proportionen dar. Ein gekonnter Zusammenklang gedämpfter Farbtönungen – blaugraue Stahlfarbe an den breiten Fensterbändern und modern nuanciertes Hellbraun an den flächigen Naturholzbrüstungen – läßt den Neubau zu einem architektonischen Akzent der verkehrsintensiven Sendlinger Straße werden.«

Altes Hackerbrauhaus
Altes Hackerbrauhaus

DAS »ALTE HACKERHAUS« Fotos: um 1910/1985

Das um 1830 neu entstandene Gebäude des alten »Hackerbräu« wurde 1982–1984 mit großem Aufwand restauriert. Dabei wurde der ursprünglich neunachsige Fassadenrhythmus im Erdgeschoß, den Ladeneinbauten nach 1900 zerstört hatten, unter Berücksichtigung der Mieterinteressen optisch weitgehend wieder hergestellt und die Putzrustika erneuert.
Das neubarocke, einst reich freskierte Nachbargebäude (Hackenstraße Nr. 2), das von 1888 an die bestehende Gaststätte im »Hackerhaus« erweitert hatte, wurde 1981 neu gestaltete; in seiner Nutzung ist es seitdem vom »Hackerhaus« getrennt.

SENDLINGER STRASSE 71
Fotos: um 1905/1983

Das nüchterne sechsachsige Wohn- und Geschäftshaus – mit vier Achsen im Bild – aus dem Jahr 1968 (Entwurf R. Berger) läßt nicht vermuten, daß sich hier bis zur Kriegszerstörung ein Bürgerhaus mit einer reizvollen Fassade des späten 18. Jahrhunderts befand.

mtliches bayerisches Reisebüro
amtliches bayerisches Reisebüro
abr
O sole mio...

WESTSEITE DER SENDLINGER STRASSE BEI DER ASAMKIRCHE
Fotos: um 1900/1985

Durch die Harmonie von Asamhaus (neustuckiert nach 1734), St.-Johann-Nepomuk-Kirche (erbaut durch die Brüder Asam 1733–1746) und Priesterhaus (erbaut 1771/1772) bekommt die Sendlinger Straße eine besondere kunsthistorische Gewichtung.
Die 1983 abgeschlossene jahrelange Restaurierung hat den Fassaden dieser Gebäudegruppe die alte Farbigkeit zurückgegeben; der ebenfalls 1983 fertiggestellte sog. Asamhof nördlich des Priesterhauses (Entwurf Grüner, Schnell und Bierler) ist ein modern-angeglichener vielverzweigter Baukomplex zwischen Sendlinger-, Kreuz- und Brunnstraße, der neben zahlreichen Ladengeschäften luxuriöse Wohnungen, z. T. mit Terrassen, enthält. Seine kriegszerstörten Vorgängerbauten an der Sendlinger Straße, darunter das an das Priesterhaus anstoßende sog. St.-Johannis-Spital, waren ältere, aufgestockte Häuser mit überarbeiteten Fassaden des späten 18. Jahrhunderts.

Seilerwaren Johann Kienmoser KG
HÖRMANN
Alarmanlagen
Schmidstraße

SENDLINGERSTR. 57-58.

RADIO SCHÜTZE
ÜBERSETZUNGEN IN ALLEN SPRACHEN
Isy's Jeans
Isy's Jeans
MIKADO

Auf den Seiten 192/193:

SENDLINGER STRASSE 57 und 58 Fotos: um 1900/1984

Die beiden eindrucksvollen Traufenhäuser, die in ihrer einheitlichen Fassadengestaltung dem frühen 18. Jahrhundert zuzurechnen sind, gehörten seit 1716 bzw. 1733 dem Kloster Benediktbeuern. Während das rechte Gebäude 1736 wieder verkauft und 1892 im Dachbereich verändert wurde, blieb das linke Haus, das erst bei der Säkularisation 1803 den Besitzer wechselte, bis zum 2. Weltkrieg in seiner alten Erscheinungsform. Die nach Kriegsbeschädigung und Abbruch unter Andeutung des alten Stils 1949 errichteten und dabei um zwei Geschosse erhöhten Nachfolgebauten sind ein positives Beispiel für die historisierende »Anpassungsarchitektur« der unmittelbaren Nachkriegszeit.

SENDLINGER-/ECKE DULTSTRASSE Fotos: um 1900/1984

Das sog. Sterneck (hier mit altdeutscher Fassadenbemalung von 1885) war 1709 zum Dank für die Abwendung der Kriegsgefahr von München im Spanischen Erbfolgekrieg als Bauplatz für eine Kirche zu Ehren der Allerheiligsten Dreifaltigkeit vorgesehen, ein Projekt, das von 1711–1718 an der heutigen Pacellistraße verwirklicht wurde.
Der 1963–1965 aufgeführte große Komplex des »Angerblocks« (Entwurf P. Nestler), der neben dem kriegszerstörten Sterneck auch die nördlich anschließende Bebauung bis zum Kaufhaus Konen umfaßt, kann als sechsstöckiger Stahlbeton-Skelettbau mit Natursteinverkleidung dem Charakter seiner Nachbarbauten nicht gerecht werden.

SENDLINGER STRASSE 12
Fotos: um 1900/1983

Das dem einstigen Sterneck gegenüberliegende Haus an der Dultstraße mit reicher Putzfassade um 1800 und einer Marienbüste von 1731 hat unter Verlust einiger Details sein Erscheinungsbild bis heute bewahren können.

WILHELM NEUBERT
NEUBERT
WILHELM NEUBERT
BERUFSKLEIDUNG

SENDLINGER STRASSE 37
Fotos: um 1900/1983

Auch bei dem 1974 fertiggestellten Neubau über die fünf Grundstücke Sendlinger Straße Nr. 36–40 (Entwurf Wolff und Krug) wurde die Öffentlichkeit über eine besondere Form der »Verantwortlichkeit« unterrichtet. Man habe – so eine PR-Anzeige vom 18. 10. 1974 – »sorgfältig darauf geachtet, den Maßstab des Straßenzuges weitgehend zu erhalten. Aus diesem Grunde wurde die Fassade in drei Einheiten aufgeteilt, die den städtebaulichen Maßstab wahren und auf ›aufdringliche‹ Baumaterialien verzichtet«. Ein Vergleich mit dem nicht kriegszerstörten, abgerissenen Vorgängerbau Sendlinger Straße 37 (Fassade des 18. Jahrhunderts, wohl später überarbeitet) erübrigt jeden weiteren Kommentar.

KLM
WESTNER
laura ashley
KLM
WESTNER
37
TREPPEN-HAUS 2
SPRINKLER-ZENTRALE

F. Schubert & Co.
München und Hamburg
Gelegenheits-Käufe
Café & Auskochgeschäft
guter
Mittagstisch

SENDLINGER STRASSE 26 und 27 Fotos: um 1900/1983

Die beiden alten Halbgiebelhäuser an der Ecke zur Singlspielerstraße wurden 1925 von einem plastisch reich dekorierten Neubau mit gotisierenden Schaufensteranlagen im Erdgeschoß abgelöst.
Am rechten Bildrand angeschnitten jeweils das »Singlspieler-Haus«, ein Neurenaissancebau von 1898 (Entwurf H. Grässel) mit Erkern und Hausfiguren.

Sendlinger-Thor.
Stempel-Bock
Mitzel

SENDLINGER TOR Fotos: um 1900/1984

Die 1860 durch Arnold von Zenetti geschaffenen gut proportionierten drei Durchgänge des Sendlinger Tores wurden 1906 zu einem – allzu groß geratenen – Bogen zusammengefaßt, der die alte Abschlußsituation auflöst und eine optische Überleitung zum vorgelagerten Sendlinger-Tor-Platz bewirkt. Jenseits des Platzes erscheint heute als »point de vue« die 1953–1955 errichtete Mathäuskirche (Entwurf G. Gsaenger), einer der ersten modernen Kirchenbauten Münchens nach dem 2. Weltkrieg.

Max-Joseph-
Oskar-von-
Schule
Chem.
Institut
Zoolog.
Meiser-
Akademie f. Bautechnik
Platz der Opfer des Nationalsoz.
Sophien-
Oberfinanzdir.
Alter Botanischer Garten
Arco-
str.
Barer
Maximilians-
platz
Elisen-
Luisen-
Bundesbahndir.
Luitpoldstr.
Justizpalast
Ottostr.
Lenbach-
platz
Pacelli-
Prielmayer-
Bahnhof-
platz
Schützen-
str.
Promenade-
platz
Maxburg-
Erzbisch. Ordinariat
Kardinal-Faulhaber-
Maffei-
Karls-
platz
Br.
Neuhauser
Herzog-Max-
Michaels-
kirche
Löwen-
grube
Polizei-
präsidium
Ett-
Frauen-
platz
Frauen-
kirche
Kaufinger-
Augustiner-
Adolf-Kolping-
Sonnen-
Herzog-
spital-
Wilhelm-
Altheimer
Eck
Marien
Deutsches Theater
Städt. Steueramt
Schule
Josephspital-
Hacken-
Brunn-
Rosen-
Rinder-
markt
Inst. f. Biochemie
Augen-
klinik
Polikliniken
Mathilden-
Herzog-Wilhelm-
Kreuz-
Sendlinger
Stadt-
museum
St.-Jakobs-
Platz
Sebastiansplatz
Anatomie
Sendlinger-Tor-
Platz
Oberanger
Klosterhofstr.
Kloster
Schule
Cornelius-
Chirurg. Klinik
Schiller-
Blumen-
Roßmarkt
Haupt-
feuerw.
Städt.
Hochhaus
Rumford
Beethoven-
platz
Nußbaum-
Ziemssen-
Matth.
kirche
Nerven-
klinik
Medizin.
Klinik
Müller-
Blumen-
Marionetten-
theater
Unterer
Anger
Papa-Schmid-
Angertorstr.
Gynäkol.